COCINA CRIOLLA
CUBANA

COCINA CRIOLLA CUBANA

BARTOLO CÁRDENAS ALPÍZAR
LAURA GIL RECIO

Editorial Oriente
Santiago de Cuba, 2014

ARTEX
Ediciones Cubanas

La Editorial Oriente desea reconocer la entusiasta y desinteresada colaboración de Santiago Savigne y Francisco Pérez Santiesteban, presidente y presidente honorífico, respectivamente, de la Asociación Culinaria de Santiago de Cuba, así como de Xiomara Delís Pavón, especialista en cocina, Bárbara Delgado y Mario Alba, cocineros, todos del restaurante Don Pancho, quienes asumieron la confección de los platos utilizados en el apoyo gráfico del texto.

Primera Edición, 1998
Segunda edición, 2009

Edición: Zeila Robert Lora
Diseño y fotografía: Luis Antonio Casanella Cué
Composición: Abel Sánchez Medina

ISBN 978-959-11-0890-6

INSTITUTO CUBANO DEL LIBRO
EDITORIAL ORIENTE.
J. Castillo Duany No. 356
Santiago de Cuba
E-mail: edoriente@cultstgo.cult.cu
www.editorialoriente.cult.cu

Ediciones Cubanas
Obispo 527 altos, eaquina a Bernaza,
La Habana Vieja, La Habana, Cuba
E-mail: editorialec@edicuba.artex.cu

Las recetas de un pueblo son parte tan importante y elocuente de su cultura, como la literatura o la música; es un tesoro que no puede perderse y, es más, que debemos estudiar para hallar en él las reales bases sobre las que podamos construir una nueva cultura alimentaria, la propia para una sociedad más sana, pero raigalmente concebida a partir de su paladar folklórico.

Por este motivo, la Asociación Culinaria de la República de Cuba* se ha dado a la tarea de rescatar las recetas típicas sin distingo de procedencia: folklóricas, de profesionales culinarios, de libros antiguos..., ya que estos platos cubanos eran una riqueza abandonada, subestimada: "tierno y derrumbado oro", como diría uno de nuestros poetas.

Así, tenemos platos tan regionales y autóctonos como los hechos con tetis, un pececito que solo vive en el río Toa, en la zona oriental del país y, por otra parte, una tortilla con platanitos maduros fritos, casi de ámbito nacional. También podemos observar recetas que han adquirido popularidad actualmente, como la famosa caldosa tunera, y otras que siempre han estado presentes en los hogares cubanos, como es el caso del ñame con bacalao.

Por último, creemos necesario señalar que este estudio de la Asociación Culinaria no es concluyente, falta mucho por investigar, ya que las recetas nacen y mueren como parte de la cultura y solo con tiempo y dedicación se podrá lograr un resultado satisfactorio y que muestre toda la variedad y riqueza de nuestra tradición culinaria.

JOSÉ LUIS SANTANA GUEDES, 1998
VICEPRESIDENTE DE LA ACRC
ESPECIALISTA PRINCIPAL

* Actualmente Federación de Asociaciones Culinarias de la República de Cuba.

Ingredientes:*

½ kg de pescado
3 papas medianas
3 dientes de ajo
1 cebolla grande
2 ajíes medianos
4 tomates de cocina
5 g de pimienta en grano
150 g de fideos
2 cucharadas de aceite
    Sal al gusto

Procedimiento:

Limpiar el pescado de agallas, vísceras y escamas y cortarlo en trozos. Limpiar y cortar de forma irregular las especias frescas. En recipiente adecuado sofría ligeramente las especias y la pimienta, incorpore el pescado, agregue 3 L de agua y deje cocinar 40 min. Separe el pescado del caldo, póngalo a refrescar y cuele el caldo. Corte las papas peladas y limpias en octavos, añádalas al caldo y deje cocinar 15 min. Separe las masas del pescado cuidadosamente para que no les queden espinas ni piel. Agregue las masas de pescado y fideos al caldo y deje cocinar lentamente 10 min.

Póngale la sal a la sopa y sírvala acompañada de tajaditas de limón.

En algunos lugares se le salpica perejil picado muy fino a cada ración y se añade una yema de huevo.

---

* Todas las recetas que aparecen en este libro están concebidas para 6 raciones. (N. del E.)

Ingredientes:

460 g de ternilla de res
   1 cebolla mediana
   1 ají mediano
   6 tomates
   3 dientes de ajo
150 g de fideos
   3 papas medianas
   1 hojita de laurel
   1 cucharada de pasta de tomate
   3 limones medianos
   2 cucharadas de aceite
     Sal al gusto

Procedimiento:

Corte las ternillas en pedazos de 6 cm de largo y sazónelas con sal. En recipiente adecuado, sitúe el aceite, las ternillas, las especias frescas —limpias y cortadas a la jardinera—, pasta de tomate y laurel, y deje sofreír a fuego moderado dándoles vueltas con la espumadera 5 min. Agregue 5 L de agua. Cuando rompa el hervor, baje la candela y deje cocinar lentamente hasta que la carne se desprenda con facilidad del hueso y el líquido haya reducido una cuarta parte. Corte las papas, después de peladas y lavadas, en octavos, agréguelas al caldo y cuando haya cocinado 10 min añada los fideos y cocine 10 min más; rectifique el punto de sal y deje reposar la sopa fuera del fuego 10 min.

Sírvala acompañada de ½ tapa de limón por cada ración.

A las sopas típicas suele adicionárseles en algunas regiones del país, malanga y calabaza, también plátanos chatinos, de modo que si usted lo desea, puede hacerlo, y no por ello deja de ser la misma sopa.

Ingredientes:

230 g de tasajo
230 g de cabeza de cerdo
100 g de tocino
2 plátanos pintones medianos
2 malangas medianas
2 mazorcas de maíz tierno
1 tajada mediana de calabaza
2 boniatos medianos
4 dientes de ajo
1 cebolla grande
2 ajíes medianos
3 tomates naturales
1 cucharada de pasta de tomate
2 cucharadas de aceite
Sal al gusto

Procedimiento:

Remoje el tasajo durante 6 h, limpie bien la cabeza de cerdo y córtela en trozos. Pele y corte las especias bien finas. Pique el tocino sin la piel en cuadritos pequeños. Pele y corte las viandas en pedazos medianos. Deposítelas en agua, con excepción de la calabaza y el plátano. Limpie las mazorcas de maíz y píquelas en ruedas medianas. En recipiente apropiado, hierva el tasajo durante 40 min, agregue la cabeza de cerdo y deje cocinar hasta que estén blandos. Extraiga ambas carnes, refresque, elimine los huesos y córtelas en pedazos pequeños. Cuele el caldo, colóquelo en el fuego, eche el maíz, deje cocinar hasta que ablande y agregue las viandas por orden de dureza; añada un sofrito hecho con el aceite, el tocino, las especias y la pasta de tomate. Cocine durante 10 min más y adicione sal al gusto.

Sírvalo en sopera o plato hondo.

El ajiaco se vistió de gala en las casas de Las familias bur-
guesas; el día que la cocinera hacía ajiaco, la combinación o
menú era: ajiaco, ensalada, buñuelos de yuca con melado de
caña y café.

Ingredientes:

½ gallina
200 g de tocino
2 yucas medianas
3 papas medianas
2 plátanos medianos
1 malanga grande
6 dientes de ajo
1 cebolla grande
2 ajíes medianos
3 cucharadas de puré de tomate
1 cucharada de salsa de soya

2 cucharadas de vinagre
1 cucharada de sofrito
1 pizca de comino
2 cucharadas de aceite
1 cucharada de mostaza
4 L de agua
3 limones
   Sal al gusto

Procedimiento:

Limpie la ½ gallina de vísceras, lávela bien y déjela entera. Pele las viandas, lávelas, córtelas bien pequeñas y deposítelas en una vasija con agua. Lave el limón y córtelo en forma de media luna. En un recipiente adecuado, con grasa caliente, sofría la gallina, agregue el ajo, la cebolla, el ají cortado fino, el puré, la mostaza, el vinagre, el tocino, el comino —tostado y machacado, adicione el agua y deje cocinar hasta que la gallina esté semiblanda. Añada las viandas. Cuando todo esté blando, saque la gallina, deshuésela y córtela fino, o muela la carne. Agregue el caldo y deje cocinar hasta que las viandas se hagan puré. Eche la sal al gusto, apártela del fuego e incorpore la salsa de soya.

Sírvala con las tajadas de limón en fuente, plato hondo o en jarras de barro.

Esta caldosa se utiliza mucho en las fiestas, sobre todo en la media noche.

Ingredientes:

460 g de tasajo
   2 plátanos verdes
   1 plátano pintón
   1 malanga grande
   3 mazorcas de maíz tierno

1 tajada mediana de calabaza
1 ñame pequeño
2 yucas medianas
4 dientes de ajo
1 cebolla grande
2 ajíes medianos
6 tomates naturales
1 cucharada de pasta de tomate
2 cucharadas de aceite
3 limones
   Sal al gusto

Procedimiento:

Remoje el tasajo durante 12 h. Ponga en recipiente apropiado a cocinar el tasajo durante 40 min, sáquelo del líquido, refrésquelo, límpielo y córtelo en pedazos pequeños. Cuele el caldo y agregue el maíz, limpio de hojas y peluzas, cortado en ruedas; déjelo cocinar 1 h aproximadamente y añada las viandas ya peladas y picadas en trozos, por orden de dureza: ñame, malanga, boniato, etc., excepto la calabaza y el plátano pintón, los cuales se incorporarán pasados 20 min. Limpie las especias, córtelas finamente y haga un sofrito siguiendo este orden: el ajo, la cebolla, el ají, el tomate natural y la pasta, agrégueselos al ajiaco y deje cocinar 5 min. Rectifique el punto de sal de acuerdo con su gusto.

   Sírvalo en fuente o plato hondo procurando que cada ración tenga la misma cantidad de producto.

Ingredientes:

2 plátanos verdes
2 boniatos pequeños
2 yucas medianas
1 tajada mediana de calabaza
½ taza de arroz

230 g de carne de cerdo entreverada
230 g de subproductos de jamón
200 g de subproductos de ave
  6 dientes de ajo
  1 cebolla grande
  2 ajíes medianos
  3 tomates
  2 cucharadas de puré de tomate
  2 cucharadas de aceite
  1 pizca de pimienta molida
  4 L de agua
  3 limones
    Sal al gusto

Procedimiento:

Pele las viandas y córtelas a la juliana gruesa con excepción del plátano, que se picará en rodajas delgadas. Corte las carnes en pedazos medianos, sazónelas con sal y pimienta. Pele y pique finamente las especias y escoja el arroz. Lave el limón y córtelo en tajadas. En recipiente adecuado con el aceite caliente, sofría las carnes, añada las especias, incorpore el agua y deje hervir hasta que comiencen a ablandarse los productos. Agregue las viandas por orden de dureza. Lave el arroz e incorpórelo, cocínelo hasta que el conjunto este blando; puntéelo de sal a su gusto.

Sírvalo en fuente, plato hondo o recipiente de barro, acompañado con tajadas de limón.

Ingredientes:

460 g de carne de cerdo entreverada
  2 cucharadas de aceite
  2 yucas medianas
  2 boniatos medianos
  1 malanga grande

1 ñame pequeño
2 plátanos verdes
1 tajada pequeña de calabaza
1 taza de harina de maíz
1 pizca de comino
4 tomates
1 pizca de pimienta
2 hojas de cilantro
1 cebolla grande
4 dientes de ajo
1 naranja agria
2 ajíes
Sal al gusto

Procedimiento:

Corte la carne de cerdo en pedazos. Separe el plátano verde y pele el resto de las viandas, píquelas en trozos medianos y deposítelas en agua, con excepción de la calabaza. Remoje la harina de maíz en caldo o agua caliente. Después forme bolas prensándola bien con las manos. Hierva los plátanos verdes sin pelar. Cuando estén blandos, hágalos puré y agregue un mojo hecho con ajo machacado, cebolla cortada fina, jugo de naranja agria y aceite caliente; elabore bolas de mediano tamaño. Pele y pique las especias finamente y sofríalas en un recipiente apropiado con aceite. Ponga a cocinar la carne de cerdo hasta que este semiblanda, agregue las viandas por orden de dureza, incluyendo las bolas de maíz y plátano. Adicione el sofrito hecho con las especias y deje cocinar hasta que estén blandas; ya casi al final de la cocción, añada la sal.

Ingredientes:

460 g de pescado salado
¼ de taza de leche de coco

2 yucas medianas
2 malangas medianas
1 ñame pequeño
1 mapén o fruta del pan
3 papas medianas
2 hojas de cilantro
4 ajíes cachucha
4 dientes de ajo
1 cebolla grande
6 tomates
2 cucharadas de puré de tomate
1 taza de harina de trigo
1 cucharada de polvo de hornear
2 cucharadas de aceite
  Sal al gusto

Procedimiento:

Desale el pescado en abundante agua. Ralle el coco y extraiga la leche que contiene. A continuación pele las viandas y córtelas en pedazos pequeños, manténgalas en agua. Confeccione un sofrito con aceite, las especias picadas finas y agréguele la leche de coco.

Mezcle en un recipiente de loza o material similar la harina de trigo, la leche y el polvo de hornear.

Confeccione un caldo con el pescado ya desalado y cuélelo. Separe las masas de pescado y quíteles las espinas.

En una vasija adecuada eche el caldo y agregue las viandas por orden de dureza. Cuando estén semiblandas, adicione pequeñas porciones de la mezcla hecha con la harina utilizando para ello una cuchara. Transcurridos unos minutos, añada el sofrito y deje cocinar a fuego lento sin destapar. Al finalizar la cocción incorpórele sal al gusto y las masas de pescado.

Sírvalo con 2 rodajas de limón.

Ingredientes:

2 ½ tazas de frijoles negros
3 ajíes medianos
1 cebolla grande
6 dientes de ajo
1 hoja de laurel
½ cucharadita de comino molido
1 pizca de pimienta molida
1/8 de taza de aceite
3 L de agua
1/8 de taza de vino tinto
1 cucharadita de azúcar
Sal al gusto

Procedimiento:

Escoja, lave y ponga en remojo los frijoles en los 3 L de agua durante 6 h. Cocínelos con las especias frescas, peladas y cortadas a la jardinera chica (pedazos pequeños), a fuego moderado. Agregue comino y laurel. Cuando los granos estén bien blanditos, eche azúcar, vino tinto y sal. Deje cocinar 5 min. Añada el aceite, revuélvalo y sepárelo del fuego para que repose 20 min.

Puede servirlos acompañados de cebolla cortada fina y arroz blanco puestos aparte.

Ingredientes:

1½   tazas de frijoles
120 g de huesos sustanciosos
100 g de tocino

1 chorizo mediano
3 papas medianas
1 cebolla mediana
6 dientes de ajo
2 ajíes medianos
1 cucharada de pasta de tomate
1 hoja de laurel
1 pizca de comino tostado y molido
1 pizca de orégano tostado y molido
2 cucharadas de aceite
  Sal al gusto

Procedimiento:

Ponga los frijoles, después de escogidos y lavados, en remojo en 3 L de agua durante 6 h aproximadamente. Cocínelos tapados en la propia agua del remojo con los huesos sustanciosos, que pueden ser ternillas, huesos salados de jamón o carne de segunda. Cuando rompa el hervor, baje la temperatura y déjelos cocinar a fuego lento hasta que los granos estén bien blandos. Pele y corte las papas en octavos e incorpórelas al potaje.

Pasados 20 min, corte el tocino en trocitos y el chorizo en rueditas. Sofría el tocino y añada las especias frescas picadas en cuadritos pequeños. Cuando se hayan marchitado en el sofrito, agregue la pasta de tomate y las especias secas; incorpore este sofrito al potaje y déjelo cocinar 20 min. Puntéelo de sal, sepárelo del fuego y déjelo reposar 20 min para que termine de espesarse y sírvalo.

En muchas regiones del país se acostumbra poner a los potajes, además de la papa, malanga y calabaza, de modo que si lo desea, puede hacerlo, solo que debe dividir la cantidad de papas entre las tres viandas, o sea, una papa mediana, una malanga y una tajada de calabaza. Hecho de esa forma este potaje es más típico

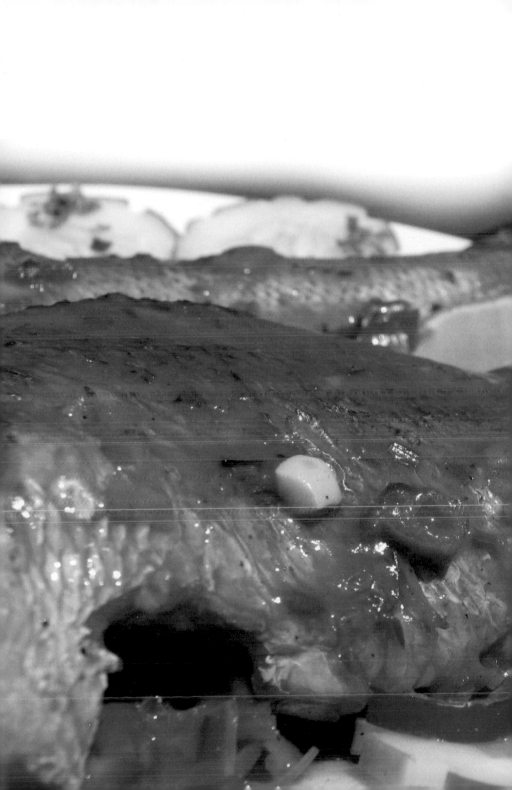

Ingredientes:

3 kg de pescado
6 dientes de ajo
6 cucharadas de jugo de limón
1 pizca de pimienta
3 cucharadas de aceite
½ kg de papa
Sal al gusto

Procedimiento:

Limpie los pescados de escamas, vísceras y agallas. Pele y machaque los ajos en un mortero con la sal. Agréguele el jugo de limón y la pimienta, y adobe los pescados con esta mezcla. Pele y corte las papas en rebanadas. En recipiente adecuado disponga el aceite, coloque las rebanadas de papas y sobre estas, los pescados. Póngalos al horno moderado; cúbralos con papel engrasado. Pasados 10 min voltee los pescados y déjelos cocinar otros 10 min aproximadamente.

Sírvalos en fuente o plato acompañados con la papa al lado y rociados con mantequilla derretida; si no tiene horno, puede hacerlo en cazuela utilizando el mismo método, pero a fuego lento y agregando ½ taza de agua; tape la cazuela y ponga sobre la tapa algunas brasas de carbón para que cocine parejo.

Ingredientes:

6 ruedas de pescado
1 cebolla mediana
6 dientes de ajo
2 ajíes medianos

4 tomates de cocina
3 cucharadas de aceite
3 cucharadas de jugo de limón
1 taza de caldo de pescado
Sal al gusto

Procedimiento:

Adobe las ruedas de pescado con sal y jugo de limón, y déjelas reposar 1h. Corte las especias frescas a la juliana y sofríalas en aceite hasta que estén marchitas. Incorpore el caldo de pescado y disponga la salsa en una bandeja con el borde alto. Coloque las ruedas sobre la salsa y póngalas al horno a temperatura moderada para que cocinen lentamente. Cubra las ruedas con papel engrasado y deje cocinar 20 min.

Sírvalas acompañadas de viandas hervidas o arroz blanco. Si no dispone de horno, utilice una cazuela de fondo plano y cocínelas en la hornilla a fuego muy lento y con la cazuela tapada.

Siguiendo tradiciones españolas, algunas personas colocan debajo del pescado rebanadas de papas. Por esta fórmula puede hacerse cualquier tipo de pescado: entero, en trozos o filetes.

Ingredientes:

3 kg de pescado
1 pizca de pimienta
6 cucharadas de jugo de limón
½ taza de harina de trigo
2 tazas de aceite
3 limones enteros
Sal al gusto

Procedimiento:

Limpie el pescado de escamas, vísceras y agallas y hágale cortes por todo el largo hasta llegar al espinazo; sazónelo con sal, pimienta y jugo de limón y déjelo reposar 10 min. Pasado este tiempo seque los pescados en la harina de trigo, incorpórelos al aceite caliente y fríalos 10 min aproximadamente por cada lado. Corte los limones en tajadas y sirva el pescado acompañado de una tajada de limón.

Puede ponerle de guarnición papas o viandas fritas o hervidas.

Para comer pescados pequeños es preferible acompañarlos de viandas cocidas.

Ingredientes:

6 ruedas de pescado
230 g de aceite
6 cucharadas de jugo de limón
¼ de taza de harina de trigo
Sal al gusto

Procedimiento:

Sazone las ruedas de pescado con sal y limón. Déjelas reposar 20 min. Séquelas en harina de trigo y fríalas en aceite caliente 3 min aproximadamente por cada lado. Sírvalas acompañadas de una tapita de limón y vianda frita.

Ingredientes:

12 lisetas
1 pizca de pimienta molida
4 limones
½ taza de harina de trigo
1 ½ tazas de aceite
Sal al gusto

Procedimiento:

Limpie las lisetas de vísceras, escamas y agallas y sazónelas con sal, pimienta y jugo de limón; déjelas reposar 20 min. Pasado este tiempo, séquelas en harina de trigo y fríalas en aceite bien caliente 5 min por cada lado aproximadamente. Deben quedar crujientes desde la cabeza hasta la cola.
Sírvalas acompañadas de tajadas de limón.

Las lisetas son muy típicas en las provincias orientales, sobre todo en la zona de Manzanillo, donde siempre hubo este hábito de consumo.

Ingredientes:

1 kg de pescado
1 cebolla mediana
2 ajíes medianos
6 dientes de ajo
1 cucharada de pimentón dulce
1/8 de cucharada de pimienta molida
    Salsa o pasta de tomate a gusto
1 hoja de laurel
3 cucharadas de aceite
1 taza de caldo de pescado
    Vino seco
    Sal al gusto

Procedimiento:

Limpie el pescado y cocínelo en 2 L de agua con sal y laurel durante 10 min. Sáquelo del caldo y póngalo a refrescar. Limpie y corte a la juliana fina las especias frescas. En recipiente adecuado sofríalas, añada la salsa de tomate, el pimentón, la pimienta y una taza de caldo de pescado, y deje cocinar a fuego lento durante 5 min. Desmenuce el pescado separando cuidadosamente las espinas y la piel. Incorpórelo a la salsa y deje cocinar lentamente 5 min más. Agregue el vino seco y sírvalo acompañado de arroz blanco o vianda hervida.

Puede decorarlo con pimientos rojos y guisantes. Algunas personas gustaban de poner a este plato rebanadas de pan frito.

Antiguamente las personas de menor poder adquisitivo, compraban cabezas de pescado y con estas hacían sopa y aporreado de sus masitas.

Si utiliza pasta de tomate en lugar de salsa, debe rebajar la cantidad a 2 cucharadas.

Ingredientes:

3 anguilas medianas o 2 grandes
1 cebolla grande
6 dientes de ajo
3 ajíes medianos
6 tomates naturales
2 cucharadas de pasta de tomate
2 limones
    Aceite
    Vino seco
    Sal al gusto

Procedimiento:

Limpie y corte las anguilas en trozos de 8 a 10 cm de largo y adóbelos con sal, pimienta y limón. En recipiente de fondo grueso sofría las especias frescas picadas a la juliana. Cuando estén marchitas, incorpore la pasta de tomate, el vino seco y ½ taza de agua y deje cocinar a fuego lento 5 min. Añada al recipiente los trozos de anguila y cocínelos a fuego lento durante 30 min.

Puede servirlos acompañados de arroz blanco.

Este plato, la biajaca de río y las jicoteas, se consumían generalmente en los días de Semana Santa en las zonas rurales del país, y preferiblemente en las giras de los bautizos que efectuaban algunas religiones al lado de los ríos; en estas ocasiones se hacían con la misma receta, cocinados en calderos sobre brasas y se acompañaban con pan o casabe.

Con esta misma fórmula puede hacerse cualquier tipo de pescado, y se le llama en algunos lugares, pescado entomatado.

Ingredientes:

460 g de picadillo de pescado
2 cucharadas de jugo de limón
¼ de cucharadita de pimienta molida
2 cucharadas de pasta de tomate
1 cebolla mediana
5 dientes de ajo
2 tazas de pan sin corteza cortado fino
1 taza de leche fresca
¼ de taza de harina de trigo
2 huevos
1 taza de caldo de pescado
¼ de taza de mantequilla
1/8 de taza de vino seco
Sal al gusto

Procedimiento:

Remoje el pan en la leche. En recipiente adecuado mezcle bien el pescado con el pan, huevos batidos, sal, pimienta y jugo de limón hasta obtener una masa compacta y suave. Haga una salsa sofriendo en mantequilla las especias frescas cortadas a la juliana e incorpore el tomate, el caldo y deje cocinar 10 min. Forme 12 bolas con la masa del pescado. Páselas por la harina de trigo, dórelas en aceite, y cocínelas en la salsa a fuego lento durante 15 min. Separe el recipiente del fuego y sirva las albóndigas bañadas con la salsa y acompañadas de arroz blanco. Puede decorar las albóndigas con perejil picado muy fino.

Ingredientes:

3 kg de pescado
2 ajíes picantes chiquitos
2 cucharadas de aceite
3 cucharadas de jugo de limón
1 cebolla mediana
3 ajíes
6 tomates de cocina
4 cucharadas de mantequilla
1 diente de ajo
1 hojita de laurel
2 cucharadas de pasta de tomate
½ taza de caldo de pescado
½ taza de harina de trigo
    Sal al gusto

Procedimiento:

Limpie el pescado, separe la piel y córtelo en dados de 3 cm. Machaque en el mortero los ajíes picantes, agregue el jugo de limón y la sal, y sazone el pescado con este adobo durante 5 min. Seque los pedacitos en harina de trigo y dórelos en la mantequilla y el aceite bien calientes. Sepárelos y disponga la mantequilla restante en un recipiente y marchite en ella a fuego lento las especias, agregue el laurel, la pasta de tomate y el caldo (para hacerlo utilice la cabeza, el espinazo y la cola del pescado bien lavados). Revuélvalo todo y deje cocinar 5 min. Añada los trozos de pescado y sin revolver más cocine a fuego lento 15 min. Sepárelo del fuego, déjelo reposar 2 o 3 min y sírvalo.

Puede acompañar las masas con arroz blanco y chatinos de plátanos pintones.

Ingredientes:

6 ruedas de pez perro
3 papas medianas
1 cebolla grande
1 ají grande
4 dientes de ajo
1 tallo de ajo puerro
1 cucharada de vinagre
2 cucharadas de aceite
2 ajíes picantes
Sal al gusto

Procedimiento:

Limpie el pescado y divídalo en ruedas. Haga un caldo con la cabeza y la cola. Limpie las especias y córtelas a la juliana, excepto el ajo y el ají picante que se picarán finamente. Pele las papas y córtelas en rodajas gruesas. En una cazuela de fondo plano vierta el caldo, agregue todas las especias y deje cocinar

5 min aproximadamente. Añada las papas, y cuando estén semiblandas, colóqueles encima las ruedas de pescado. Continúe cocinando el conjunto hasta que ablanden las papas; saque algunas y hágalas puré, mezcladas con un poco de caldo y agréguelo a la cocción para espesarla.

Sirva en plato hondo las ruedas de pescado con las papas al lado y, por último, vierta el caldo.

Este plato, muy típico de la región de Villa Clara, puede hacerse también con cualquier pescado de carne blanca.

Ingredientes:

1 kg de macabí
100 g de pan
1 taza de leche
1 cebolla mediana
3 huevos
1/8 de taza de vino seco
4 ramitas de perejil
2 cucharadas de zumo de limón
4 tallos de cebollino
1 pizca de pimienta molida
1 taza de harina de trigo
230 g de aceite
4 dientes de ajo
2 ajíes
6 tomates
2 cucharadas de puré de tomate
Sal al gusto

Procedimiento:

Limpie el pescado. Dele unos golpes con un mazo de madera para que la carne se ablande y se despegue del espinazo. Quítele la piel y sáquele la masa con una cuchara desde la cola hacia la cabeza. Elimine la corteza al pan y mójelo en la leche, exprímalo y páselo por la máquina de moler junto con las masas de pescado. Limpie y corte finamente la cebolla y el cebollino, fríalos en aceite y agréguelos a la masa. Seguidamente incorpore los huevos batidos, el vino seco, la pimienta, el zumo de limón, la sal y el aceite; amase bien y haga pequeñas albóndigas. Páselas por harina de trigo y sofríalas en aceite. Haga una salsa con el resto de las especias cortadas finas y viértala por encima de las albondiguillas.

Se sirven con perejil picado fino, espolvoreado por encima.

Ingredientes:

160 g de macabí
100 g de pan
  1 taza de leche
  3 huevos
1/8 de taza de vino seco
  4 ramitas de perejil
  2 cucharadas de zumo de limón
  4 tallos de cebollino
  1 pizca de pimienta molida
  1 taza de caldo de pescado
  4 dientes de ajo
  2 ajíes
  4 tomates
  3 cucharadas de puré de tomate
  4 cucharadas de aceite
    Sal al gusto

Procedimiento:

Limpie el pescado. Dele unos golpes con un mazo de madera para que la carne se ablande y se despegue el espinazo. Quítele la piel y sáquele la masa con una cuchara, desde la cola hacia la cabeza. Descortece el pan y mójelo en la leche; exprímalo y páselo por la máquina de moler junto con las masas de pescado. Limpie y corte finamente la cebolla y el cebollino, sofríalos en aceite y agréguelos a la masa; incorpore los huevos batidos con el vino seco, la pimienta, sal, jugo de limón y 4 cucharadas de aceite. Dele forma cilíndrica, envuélvalo en un paño y póngalo a cocinar en caldo de pescado —previamente elaborado con la cabeza, el espinazo y la cola del mismo— durante 25 min aproximadamente.

Haga una salsa con el resto de las especias cortadas finas.

Sírvalo picado en rodajas con la salsa y el perejil cortado fino espolvoreado por encima.

Ingredientes:

1 kg de tetis
1 taza de harina de trigo
4 cucharadas de aceite
2 cucharadas de jugo de limón
6 dientes de ajo
1 cebolla grande
2 ajíes
6 tomates
2 cucharadas de puré de tomate
  Sal al gusto

Procedimiento:

Lave los tetis, escúrralos, adóbelos con sal y limón. Corte las especias finamente y haga con ellas una salsa.

Pase los tetis por harina de trigo y fríalos en aceite caliente; deposítelos en un recipiente adecuado, incorpore la salsa y deje cocinar por breve tiempo.

Sírvalo, si lo prefiere, con arroz blanco o papas hervidas.

El tetis es un pez muy pequeño que solamente se encuentra en la desembocadura del río Toa en la provincia Guantánamo; su captura se realiza de noche, atrayéndolos con las luces de faroles; para ello se aprovecha la época en que van a desovar al mencionado río.

Ingredientes:

1 kg de pescado macabí
½ taza de vinagre

¼ de taza de jugo de limón
1 cebolla grande
½ cucharada de pimienta molida
  Sal al gusto

Procedimiento:

Limpie el pescado y dele unos golpes con un mazo de madera para que la carne se ablande y se despegue del espinazo. Quítele la piel y sáquele la masa con una cuchara desde la cola hacia la cabeza. Pase las masas por la máquina de moler. Coloque el pescado molido en un recipiente de cristal o loza, cúbralo con jugo de limón y vinagre en una proporción de ¾ partes de limón y ¼ parte de vinagre durante 1 h. Pasado este tiempo, sáquelo del recipiente y exprímalo, sazónelo con sal, pimienta, cebolla —cortada bien fina— y aceite. Mezcle bien y consérvelo a temperatura fría.

Sírvalo en bolitas en recipientes pequeños de barro, acompañado con galletas.

Ingredientes:

1 kg de bacalao
6 plátanos verdes
1 cebolla grande
4 cucharadas de aceite

Procedimiento:

Corte el bacalao en trozos medianos, remójelo durante 6 h y escúrralo. Hiérvalo en abundante agua. Límpielo de piel y espinas y desmenúcelo. Lave los plátanos, quíteles las puntas, deles un corte superficial de arriba hacia abajo y hiérvalos en agua con 2 cucharadas de aceite.

Sirva el bacalao al lado de los plátanos cortados en trozos, rodajas de cebolla y aceite por encima.

Ingredientes:

1 kg de bacalao
1 cebolla grande
4 cucharadas de aceite
1 ñame grande
4 dientes de ajo
  Sal al gusto

Procedimiento:

Corte el bacalao en pedazos medianos, remójelo durante 6 h y hiérvalo en abundante agua. Cuando esté blando, sáquelo del agua y quítele la piel y las espinas. Pele el ñame, píquelo en rodajas gruesas y hiérvalo en agua con sal. Machaque el ajo y mézclelo con el aceite. Marchite la cebolla cortada en rodajas por unos momentos en agua tibia.

Sirva el bacalao con la mezcla de aceite y ajo por encima y el ñame al lado con las rodajas de cebolla.

Ingredientes:

12 jaibas
1 cebolla grande
3 dientes de ajo
2 ajíes medianos
1 cucharada de pimentón dulce

¼ de cucharadita de pimienta
2 cucharadas de pasta de tomate
1/8 de taza de vino seco
3 cucharadas de aceite
   Sal al gusto

Procedimiento:

Separe y golpee los pechos, patas y muelas de las jaibas —despues de lavarlas— a fin de facilitar la extracción de las masas. Adóbelas con sal, pimienta y saltéelas ligeramente en aceite bien caliente. Corte a la juliana las especias frescas, marchítelas en aceite, agregue la pasta de tomate, pimentón, vino seco y una taza de agua o caldo de pescado. Deje cocinar la salsa lentamente durante 10 min e incorpore las jaibas y cocínelas a la misma temperatura 20 min aproximadamente.
   Sírvalas acompañadas de arroz blanco.

Ingredientes:

6 colas de langostas medianas
1 cebolla mediana
4 dientes de ajo
2 ajíes medianos
4 tomates
2 cucharadas de pasta de tomate
¼ de cucharadita de pimienta molida
1 cucharada de pimentón dulce
1 hoja pequeña de laurel
¼ de taza de vino seco
1 cucharada de aceite
3 cucharadas de mantequilla
1 taza de caldo de pescado
   Sal al gusto

Procedimiento:

Rompa el caparazón de la langosta, separe la masa, córtela en jardinera gruesa y sazónela con la sal y pimienta. Sitúe en una sartén cebolla, ajos, ajíes y tomates picados a la jardinera con el aceite y sofría hasta que estén marchitas. Pase el contenido a un recipiente mayor e incorpore la langosta, y deje cocinar a fuego lento hasta que haya consumido todo el líquido de su deshidratación. Rocíe el vino seco, espolvoréele pimentón y hoja de laurel, agréguele mantequilla y la pasta de tomate, revuélvalo todo y añada el caldo. Cocine a fuego lento durante 15 min.

Puede servirla acompañada de arroz blanco.

Para los langostinos y camarones se procede igual.

Ingredientes:

12 jaibas enteras
460 g de pescado de carne blanca
1 cebolla mediana
6 dientes de ajo
4 tomates
2 ajíes medianos
3 cucharadas de salsa o puré de tomate
3 cucharadas de aceite
Picante al gusto
2 pimientos
6 hojas de lechuga o ramas de berro
Sal al gusto

Procedimiento:

Cocine el pescado y la jaiba, ya limpios y por separado, en agua hirviendo por 5 min. Extraiga las masas y mézclelas uniformemente, sazónelas con sal, pimienta y picante. Lave los caparazones de la jaiba y resérvelos. Corte finamente las especias y sofríalas en aceite, agregue la salsa de tomate y luego la mezcla de pescado y jaiba. Deje cocinar por un corto tiempo. Rellene los caparazones y adórnelos con pimientos cortados en tiras.

Sírvalos en recipiente apropiado colocando la jaibita sobre hojas de lechuga.

En la carretera que conduce a la Ciudad Primada (Baracoa) desde el municipio Guantánamo, cabecera de la provincia, hay un lugar conocido como el Alto de Cotilla, por donde pasa la carretera denominada La Farola, una de las más hermosas obras viales por la belleza de sus paisajes naturales.

En la década de los años 50 vivía en esa carretera del Alto de Cotilla una cocinera conocida por la India, quien abrió una fonda para prestar servicios a los viajeros que diariamente pasaban; utilizaba animales criados en el patio de la casa, fundamentalmente el pollo, además de la malanga, por ser la vianda sembrada en los conucos que rodeaban las casas de los vecinos.

Así pasó el tiempo y un hermoso día del mes de diciembre, próximo al fin de año, decidió hacer algún plato distinto que motivara la afluencia de los clientes del lugar: preparó una cazuela con pollo picado, lo adobó con varios ingredientes y le añadió malanga frita acompañada de una salsa criolla, y cocinó todo a fuego lento.

Al servir al chofer de alquiler nombrado Pablo San Miguel Silo, el cual regresaba de una fiesta del poblado de Sabanilla con varias personas, se le derramó en el plato un poco de vino tinto que ellos traían. La dueña de la fonda se dirigió muy solícita al señor y le pidió que le permitiera volver a montarle el plato, pero con el vino que había derramado. Al cabo de 15 minutos volvió la cocinera con la comida humeante y la puso frente al comensal, quien al probarla expresó: ¡Esto si es un pollo, y un pollo elaborado en La Farola! La India muy contenta exclamó: ¡Si le ha gustado, desde ahora no me faltará nunca este plato para Ud. y para el que lo pida!

Uno de los visitantes propuso llamarlo El pollo de la India, mas ella respondió que el vino había sido derramado por San Miguel. "Bueno, dijo el chofer de alquiler, como estamos en la carretera La Farola, el pollo debe denominarse Pollo Farola de Baracoa, en honor al lugar".

Ingredientes:

2 060 g de pollo
  50 g de vino tinto
  50 g de aceite
  435 g de malanga
    Pimentón al gusto
  174 g de caldo de ave
  435 g de salsa criolla
    Jugo de limón al gusto
    Sal al gusto

Procedimiento:

Tener seleccionados los pollos, limpiarlos y cortarlos en porciones de 200 g. Sazonarlos con limón, vino tinto y sal. Escoger las malangas, pelarlas y cortar la cantidad establecida en porciones de 1 pulg. Tener dispuesta la malanga frita a ¾ de cocción y la malanga rallada para la confección de los buñuelos.

Preparar un recipiente con grasa caliente y saltear el pollo hasta que selle. Añadirle el caldo de ave y la salsa criolla a los 10 min de la elaboración del producto principal (pollo). Agregar la malanga y el pimentón; reducir el fuego.

Servirlo en plato de asado, decorado con ensalada verde y guarnición de buñuelos.

Ingredientes para la salsa criolla:

  6 dientes de ajo
  2 cebollas medianas
  2 ajíes grandes
  6 tomates
  1 taza de salsa de tomate
  1 hoja pequeña de laurel
  1 cucharada de aceite
  ¼ de taza de agua aproximadamente
    Pimienta al gusto
    Sal al gusto

Procedimiento:

Corte el ajo finamente, la cebolla, los ajíes y el tomate en cuadritos o tiritas. Ponga sobre el fuego una cazuela, preferiblemente de fondo grueso, con el aceite y el laurel; agregue los ingredientes picados en este orden: ajo, cebolla, ají y tomate hasta que se marchiten; añada la salsa de tomate diluida en agua. Se deja cocinar y se puntea con sal y pimienta molida.

Ingredientes:

1 ½ pollos
 6 dientes de ajo
 1 cebolla mediana
 ¼ de taza de vino seco
 ¼ de cucharadita de pimienta molida
 3 cucharadas de jugo de limón
 2 zanahorias medianas
 2 tallos de ajo puerro
 4 cucharadas de aceite
 1 taza de caldo de pollo
1/8 de taza de harina de trigo
 Sal al gusto

Procedimiento:

Limpie los pollos, trabe los muslos por la abertura por donde se sacaron las vísceras y deje solo el hueso corto del ala. Adóbelos con sal, pimienta, ajos bien machacados y jugo de limón. Manténgalos en esta maceración de 6 a 8 h aproximadamente. Coloque en un caldero con aceite caliente los pollos, dórelos por ambos lados, retírelos. En esa misma grasa sofría los vegetales cortados finamente y la harina de trigo, sitúe los pollos, perfúmelos con el vino, agregue el caldo y deje cocinar hasta que ablanden.

Sírvalos en plato o fuente acompañados de papas fritas o arroz.

Ingredientes:

3 pollos medianos
½ cucharadita de pimienta molida
6 dientes de ajo
½ taza de jugo de naranja agria
4 cucharadas de manteca de cerdo*
  Sal al gusto

Procedimiento:

Limpie los pollos, sazónelos con sal y pimienta, colóquelos en una tártara engrasada con la pechuga hacia arriba, rocíelos con la manteca y hornéelos durante 20 min aproximadamente. Pasado este tiempo, voltéelos y rocíelos con un mojo de ajo machacado y jugo de naranja agria. Déjelos en el horno alrededor de 15 min. Sáquelos, córtelos en porciones de medio pollo cada una y viértales por encima el jugo del asado previamente pasado por un colador fino.
Sírvalos en fuente o plato.

Ingredientes:

3 pollos medianos
1/8 de taza de aceite
1/8 de taza de vinagre
6 dientes de ajo
  Sal al gusto

* Aunque la receta original lleva grasa animal, siempre que pueda sustitúyala por aceite vegetal, es más saludable.

Procedimiento:

Limpie los pollos, adóbelos con un mojo de ajo, vinagre, aceite y sal; déjelos durante 4 h aproximadamente. Transcurrido
ese tiempo, sáquelos del adobo, escúrralos y colóquelos en el
ahumadero durante 4 h.

Este ahumadero, muy común en los pueblos de campo, se
hace fundamentalmente con ramas de guayaba.

Sírvalos con viandas hervidas.

Ingredientes:

1 ½ pollos
1 pizca de pimienta molida

2 naranjas agrias
¼ de taza de harina de trigo
3 dientes de ajo
1 cebolla mediana
230 g de aceite
Sal al gusto

Procedimiento:

Corte los pollos en cuartos después de limpios. Machaque los ajos y mézclelos con jugo de naranjas agrias. Adobe los cuartos de pollos con el mojo, la pimienta y déjelos reposar 20 min. Seque los cuartos de pollo en la harina de trigo y fríalos en el aceite bien caliente por espacio de 6 min aproximadamente por cada lado. Limpie y corte la cebolla en rebanadas.

Sírvalos con aros de cebolla por encima. Puede acompañarlos con papas fritas, tostones o mariquitas.

Ingredientes:

3 pollos
100 g de jamonada
6 dientes de ajo
1 cebolla grande
1/8 de taza de ron
1/8 de taza de jugo de naranja agria
Nuez moscada rallada
½ cucharadita de pimienta molida
230 g de aceite
Sal al gusto

Procedimiento:

Limpie el pollo y deshuéselo. Corte las masas en cuadritos pequeños aprovechando la piel. Pique la jamonada de igual forma. Machaque el ajo y corte la cebolla finamente. En un recipiente adecuado eche las masas de pollo y la jamonada. Sazone con sal y pimienta, las especias, nuez moscada rallada, el ron y el jugo de naranja agria. Se revuelve bien y se deja macerar durante 6 h aproximadamente. Coloque pequeñas porciones en papel celofán cortado a un tamaño apropiado para hacer rollitos y amarre las puntas con un cordel fino. Fríalos, sáquelos de la envoltura picando las puntas del papel con una tijera.

Sírvalo de forma que 3 rollitos compongan una ración.

Ingredientes:

3 pollos medianos
½ cucharadita de pimienta molida
4 dientes de ajo
3 cucharadas de jugo de limón
230 g de aceite
2 pimientos morrones
6 tramos de 30 cm de hojas de plátano
Sal al gusto

Procedimiento:

Limpie y corte los pollos a lo largo. Sazónelos con la sal y la pimienta. Fríalos a fuego lento. Cuando estén cocinados colóquelos en una tártara, póngala en el horno por un corto tiempo; haga el mojo con el ajo machacado, el jugo de limón y el aceite caliente; rocíelos; marchite las hojas de plátano al calor del fuego y envuelva en ellas los pollos.

Sírvalos decorados con los pimientos cortados en tiras y plátanos chatinos, u otra vianda o vegetales.

Ingredientes:

2 pollos
¼ de cucharadita de pimienta molida
4 dientes de ajo
1 cebolla grande
2 ajíes medianos
4 tomates
3 cucharadas de salsa de tomate
¼ de taza de leche de coco
1 mapén verde o fruta del pan
¼ de taza de aceite
1/8 de taza de vino seco
2 pimientos rojos
   Sal al gusto

Procedimiento:

Limpie los pollos y córtelos en octavos. Sazónelos con sal y pimienta. Pele el mapén y píquelo en pedazos de mediano tamaño. Corte las especias finamente y haga una salsa con aceite. Agregue el puré de tomate, ralle el coco y extráigale la leche. En una cazuela apropiada con el aceite caliente dore los pollos, incorpore la mitad de la salsa, el vino y el mapén; rehogue el conjunto, añada la leche de coco y el resto de la salsa. Cocínelo a fuego lento por 30 min aproximadamente hasta su total cocción.
   Sírvalo en fuente o plato adornado con tiras de pimientos.

Ingredientes:

1 ½ pollos
   6 papas medianas

2 zanahorias medianas
1 cucharada de pimentón dulce
1 cebolla grande
4 dientes de ajo
2 ajíes
2 cucharadas de pasta de tomate
2 tazas de caldo sustancioso
1/8 de taza de vino seco
4 cucharadas de aceite
 Sal al gusto

Procedimiento:

Corte en cuartos los pollos después de limpios. Separe el pescuezo, alas y patas y haga con estos el caldo. Limpie y pique las especias frescas a la juliana fina. Corte las papas en cuartos y las zanahorias en rueditas previamente peladas y lavadas. En recipiente adecuado dore los cuartos de pollo con el aceite; sepárelos en una vasija aparte e incorpore las especias frescas; sofríalas hasta que hayan marchitado. Agregue pimentón, tomate, el caldo, las papas, las zanahorias y, por último, el pollo. Cuando comience a hervir, baje el fuego y deje cocinar lentamente por espacio de 30 min. Échele el vino seco. Deje reposar 5 min y sírvalo.

Decórelo con pimientos rojos asados, petit pois o con huevos y perejil cortados muy finitos. Puede acompañarlo con arroz blanco.

Con esta misma receta se hace el pollo guisado a la criolla, solo que se le suprimen la papa y la zanahoria.

Ingredientes:

1 ½ pollos
 1 kg de quimbombó

2 cucharadas de aceite
4 dientes de ajo
2 cebollas medianas
2 tazas de caldo de pollo
2 cucharadas de jugo de limón
3 plátanos verdes
6 tomates
2 ajíes medianos
3 cucharadas de puré de tomate
1/8 de taza de vino seco
Sal al gusto

Procedimiento:

Limpie el pollo y quítele la mayor cantidad de huesos posible. Córtelo en partes pequeñas. Con los subproductos elabore un caldo. Lave el quimbombó y píquelo en pedazos. Lave y corte las especias finamente y haga con ellas una salsa. Agréguele el puré de tomate. Quite las puntas de los plátanos, deles un corte a la cáscara a lo largo y póngalos a hervir. Cuando estén blandos sepáreles las cáscaras y hágalos puré. Sazone con sal

y forme bolas de mediano tamaño. En un recipiente adecuado con el aceite caliente dore ligeramente el pollo. Añada el quimbombó, el jugo de limón, la salsa elaborada, el caldo, el vino seco y la sal. Déjelo cocinar durante 25 min aproximadamente. Un poco antes de terminar la cocción, añádale las bolas de plátano.

Ingredientes:

1½ gallinas
¼ de cucharadita de pimienta
2 cucharadas de aceite
4 dientes de ajo
1 cebolla grande
2 pimientos medianos
2 tazas de caldo de gallina
1/8 de taza de vino blanco
3 cucharadas de vinagre
   Sal al gusto

Procedimiento:

Limpie la gallina, coloque los muslos cruzados y trábelos por la abertura donde se sacaron las vísceras. Ate las alas hacia atrás. Adóbela con sal y pimienta. Deposítela en una tártara engrasada e introdúzcala en el horno durante 30 min aproximadamente. Con los subproductos de la gallina haga un caldo y páselo por un colador fino. Saque la gallina del horno y divídala en cuartos

En una cazuela apropiada con el aceite caliente, sofría las especias. Luego coloque la gallina fraccionada y agréguele el vino, el vinagre y el caldo. Déjela cocinar hasta espesar ligeramente la salsa.

Sírvala acompañada de congrí o de viandas hervidas.

Ingredientes:

1 gallina grande
6 papas medianas
1 cebolla grande
6 dientes de ajo
3 ajíes medianos
2 cucharadas de pasta de tomate
1 pizca de pimienta molida
1 pizca de orégano molido
1 pizca de comino molido
1 hojita de laurel
¼ de taza de aceite
Sal al gusto

Procedimiento:

Limpie y corte la gallina en seis partes. Quite a las especias frescas cáscaras y semillas y píquelas en tiras finas (a la juliana). Sazone la gallina con la sal y dore en el aceite bien caliente los pedazos. Con la grasa restante en recipiente adecuado sofría las especias frescas hasta que estén marchitas, incorpore la salsa de tomate y las especias secas. Añada 2 L de agua y deje cocinar 10 min más. Eche los trozos de gallina y cocínelos a fuego lento durante 1½ h. Corte las papas en mitades después de peladas y lavadas. Agréguelas al guiso y cocínelo 20 min más. Vierta el vino seco, separe el guiso del fuego y déjelo reposar 10 min. Sírvalo.

Puede acompañarlo con arroz blanco y decorarlo con tiritas de pimientos asados.

Para hacer el guiso en la olla de presión debe seguir el mismo procedimiento, solo que el tiempo de cocción se reducirá a la mitad y las papas debe incorporarlas al guiso 20 min antes de terminar la cocción.

Este sabroso plato surge en la cocina de las familias de Santiago de Cuba, como una ambrosía confeccionada por la abuela y las tías, que con su paciencia y dedicación cocinaban al fuego lento de la hornilla de carbón vegetal en el caldero de hierro, el boliche mechado con chorizo, jamón, tocino entreverado, pimienta, cebolla, otros vegetales y condimentos; esto se hacía dándole vueltas al principio para dorarlo y luego para cocinarlo, incorporándole lentamente el aliño del adobo hasta su terminación, momento en que era picado en lonjas.

Esta sabrosa carne va acompañada de congrí oriental, plátano maduro frito y ensalada, en otros casos con arroz blanco, potaje de frijoles colorados a la santiaguera, plátano maduro frito y ensalada verde.

Muchas generaciones de santiagueros lo han preferido, aun sin saber quien fue su autor, pero sí reconociendo algo típico de esta región del país.

Ingredientes:

1 334 g de boliche de res
   73 g de tocino entreverado
   73 g de jamón pierna
   73 g de chorizo
   10 g de ajo
   58 g de cebolla
   33 g de vino seco
   33 g de jugo de limón
    1 g de pimienta picante
   43 g de zanahoria
   87 g de tomate de cocina
   30 g de aceite
       Orégano al gusto
700 g de caldo sustancioso
       Sal al gusto

Procedimiento:

Tener a mano el boliche, cortar el tocino, jamón y chorizo en tiras de 2 cm de grueso. Lavar las zanahorias, pelarlas y cortarlas en rodajas; pelar la cebolla y picarla a la jardinera fina. Limpiar los ajos y machacarlos en un mortero; limpiar el tomate y cortarlo ordinariamente. Disponer del caldo sustancioso y el jugo de limón. Machacar las especias secas, hacer incisiones al boliche, introducirle el jamón, el tocino y el chorizo, adobarlo con sal, ajo, cebolla, limón, pimienta y sal. Mantenerlo en este adobo 12 h. Coger una cazuela y agregarle la grasa; cuando esté caliente, dorar el boliche, cuidando que no se quemen las especias; retirarle grasa si es preciso, añadirle el tomate natural, la zanahoria y el vino seco; verterle el caldo, taparlo e introducirlo en el horno a 200⁰ C durante 2 h. Extraer la carne de la cazuela, refrescarla y cortarla en lonjas; pasar el caldo por un colador.

Se sirve con congrí y plátanos maduros fritos, aparte o en el plato de asado.

Ingredientes:

6 bistés
1 pizca de pimienta
2 limones
3 dientes de ajo
2 cebollas grandes
3 cucharadas de aceite
Sal al gusto

Procedimiento:

Aplaste ligeramente los bistés dentro de un paño para que no pierdan la forma circular. Adóbelos con ajos bien machacados, sal, pimienta y jugo de limón. Unte una sartén con aceite, fríalos a fuego vivo y déjelos cocinar por ambos lados a su gusto —vuelta y vuelta, término medio o a la española.

Sírvalos y póngales arriba una cucharada de cebollas picadas a la jardinera, muy finas, previamente lavadas, y acompáñelos con plátanos chatinos.

El bisté con mojo crudo puede hacerlo igual, solo que deberá mezclar cebollas con perejil picado muy fino. Esta forma de prepararlo era muy habitual en las fondas chinas, sobre todo en las plazas tenía gran demanda entre los camioneros, quienes solían comerlo con cerveza fría, fundamentalmente después de la media noche.

Ingredientes:

½ kg de picadillo de res
1 cebolla mediana
2 ajíes medianos
4 dientes de ajo
4 tomates naturales
2 cucharadas de pasta de tomate
1/8 de taza de vino seco
4 cucharadas de aceite
Sal al gusto

Procedimiento:

En recipiente de fondo fino sofría el picadillo revolviendo constantemente a fuego vivo durante 5 min para que quede desgranado. Sepárelo del fuego y póngalo en un colador a escurrir. En una vasija adecuada sofría las especias frescas, previamente limpias y cortadas a la jardinera, en el mismo aceite con la escurridura. Cuando hayan marchitado, agregue la pasta de tomate, el vino y deje cocinar a fuego lento 2 min. Incorpore el picadillo, revuelva todo, cocine 2 min más y échele sal.

Sírvalo acompañado de arroz blanco y boniato o malanga cocidos.

Para hacer picadillo a la criolla proceda en la misma forma y utilice las mismas cantidades, solo que al servir debe acompañarlo con arroz blanco, huevos fritos y plátanos maduros fritos.

Ingredientes:

¾ kg de carne de res de segunda
1 cebolla mediana
4 dientes de ajo
6 tomates de cocina
2 ajíes medianos
2 cucharadas de pasta de tomate
1/8 de taza de vino seco
1 hoja de laurel
1 pizca de pimienta molida
1/8 de taza de aceite
   Sal al gusto

Procedimiento:

Corte la carne en trozos de 5 cm, sazónela con sal y pimienta, y dore los pedazos en una parte del aceite bien caliente.

Limpie y pique las especias frescas a la juliana, sofríalas en el resto del aceite en el propio recipiente donde cocinará la carne. Cuando las especias estén marchitas, incorpore la pasta de tomate, hoja de laurel, vino seco y 2 L de caldo, deje cocinar 5 min y eche la carne. Cocine a fuego lento hasta que se ablande bien y sírvala acompañada de arroz blanco.

Si la carne es blandita y la salsa no ha sido cocinada el tiempo necesario para que se ponga espesa, separe la carne y deje reducir la salsa. Luego añada la carne nuevamente.

Ingredientes:

460 g de carne de res de segunda
   1 cebolla mediana
   3 dientes de ajo
   2 ajíes medianos
   6 tomates de cocina
   5 cucharadas de pasta de tomate
   5 granos de pimienta
   1 hoja de laurel
   3 cucharadas de aceite
   1 cucharada de pimentón dulce
1/8 de taza de vino seco
   Sal al gusto

Procedimiento:

Ponga a cocinar la carne en 2 L de agua con la pimienta y el laurel. Cuando esté blanda, sepárela del caldo y deshiláchela. Deje reducir el caldo a ¼ de litro y cuélelo. Limpie y corte las especias frescas a la juliana. En recipiente adecuado sofríalas hasta que estén marchitas (incluidos los tomates cortados). Agregue la pasta de tomate, pimentón, vino seco y el caldo reducido y cocínelo a fuego lento 5 min. Incorpore la carne y deje cocinar 5 min más.

Sírvala acompañada de arroz blanco o boniatos cocidos cortados en ruedas.

Ingredientes:

2 kg de ternilla de res
1 cebolla mediana
6 dientes de ajo
3 ajíes medianos
2 cucharadas de pasta de tomate
1 pizca de pimienta molida
1 cucharada de pimentón dulce
1/8 de taza de aceite
¼ de taza de vino seco
Sal al gusto

Procedimiento:

Corte las ternillas (punta de costillas) en trozos de 6 cm de largo. Sazónelas con sal y pimienta y dórelas en aceite bien caliente. Limpie y corte las especias frescas a la juliana y sofríalas hasta que se marchiten. Agregue a estas la pasta de tomate, 2 L de agua, sal y deje cocinar 10 min. Incorpore las ternillas y cocínelas a fuego lento hasta que la carne comience a despegarse del hueso. Añada el vino seco y deje cocinar 5 min.

Sírvalas acompañadas de arroz blanco y viandas hervidas.

Ingredientes:

0,75 kg de carne de segunda
1 cebolla grande
6 ajíes de cocina
6 tomates

6 dientes de ajo
2 cucharadas de pasta de tomate
3 cucharadas de aceite
1 pizca de comino molido
1 pizca de pimienta molida
1 cucharada de pimentón
1 hoja de laurel
¼ de taza de vino seco
   Sal al gusto

Procedimiento:

Coloque la carne con agua en un recipiente adecuado y ponga a cocinar esta hasta que haya ablandado bien. Sepárela del caldo que se ha formado y déjela refrescar. Pele la cebolla y los ajos, y corte la primera a la juliana gruesa, así como los ajíes y tomates después de haberles separado las semillas. En una vasija adecuada sitúe las especias, aceite, comino, pimienta, pimentón, hoja de laurel y sofríalos hasta que hayan marchitado. Agregue en este momento la pasta de tomate y el caldo hasta formar una salsa cremosa. Tome la carne, rípiela de forma que quede en tiritas finas de 6 cm de largo, sazónela con la sal e incorpórela a la salsa. Añada el vino seco y déjelo cocinar 10 min a fuego lento.

Puede servirlo acompañado de boniato, malanga, ñame cocidos o arroz blanco.

Ingredientes:

1 kg de carne de res de primera
3 cucharadas de aceite
1 cebolla mediana
6 dientes de ajo
3 zanahorias medianas
1 tallo de ajo puerro
2 cucharadas de pasta de tomate
¼ de taza de vino seco
5 granos de pimienta
1 pizca de orégano
1 hoja de laurel
3 cucharadas de jugo de limón
4 tazas de caldo sustancioso
Sal al gusto

Procedimiento:

Pele y triture los ajos en el mortero. Agregue el jugo de limón y la sal. Adobe con esto la carne y déjela reposar 30 min. Sitúe la carne en un recipiente de fondo grueso con el aceite, póngala a fuego lento y voltéela de vez en cuando hasta que haya dorado bien por todos los lados. Raspe las zanahorias, pele las cebollas y lávelas. Corte en trozos los ajos puerros, la cebolla y las zanahorias e incorpórelos a la carne. Haga una muñequita con orégano, pimienta y laurel, y añádala también a la vasija; agregue la pasta de tomate y el caldo y deje cocinar a calor moderado hasta que la carne se haya ablandado lo suficiente. Separe la carne del recipiente, cuele la salsa y póngala a reducir hasta que quede espesa. Agregue el vino seco, corte la carne en lonjas e incorpórele la salsa bien caliente. Puede acompañarla con papas doradas o arroz blanco.

Las carnes para asar deben ser preferiblemente boliche, punta de palomilla, punta de cañada o boliche francés.

Ingredientes:

460 g de carne de res de segunda
 1 cebolla grande
 2 ajíes medianos
 6 dientes de ajo
 6 tomates naturales
 1 hoja de cilantro
 1 limón
460 g de quimbombó
 1 pizca de pimienta
 3 cucharadas de aceite
 1 cucharada de pasta de tomate
 1/8 de taza de vino seco
   Sal al gusto

Procedimiento:

Corte la carne en trozos de 3 cm, sazónela con sal y pimienta, y dórela bien en el aceite. Pique las especias frescas a la jardinera, agréguelas al recipiente de la carne para que se marchiten bien. Incorpore la pasta de tomate y 3 tazas de agua y deje cocinar hasta que la carne se ablande. Corte los quimbomboes en trozos de 2 cm, páselos por agua con jugo de limón, escúrralos y añádalos a la carne. Rocíe el vino seco y cocine 15 min más a fuego lento. Separe del fuego y deje reposar 5 min.

Sírvalos acompañados de arroz blanco. Puede decorar con pimientos verdes y rojos a la juliana.

Ingredientes:

6 ajíes pimientos grandes
1 ½ tazas de carne de segunda molida
2 huevos
1 cebolla mediana
6 tomates naturales
6 dientes de ajo
¼ de cucharadita de pimienta molida
½ taza de leche fresca
½ taza de migas de pan blanco
¼ de taza de aceite
3 cucharadas de puré de tomate
2 tazas de caldo sustancioso
1 hoja de laurel
Sal al gusto

Procedimiento:

Lave los ajíes, córteles la tapa por la parte del nacimiento, sepáreles las semillas y póngalos boca abajo sobre un paño para que escurran. Tome los ajos, cebolla, tomate natural y córtelos a la juliana. En el recipiente donde cocinará después los pimientos, ponga las especias picadas, la hoja de laurel y sofríalas hasta que se hayan marchitado. Agregue el puré de tomate y el caldo y deje cocinar a fuego lento durante 5 min.

Tome la carne molida, sazónela con sal y pimienta, añada los huevos y el pan remojado en la leche con anterioridad. Amase todo el contenido hasta formar una masa compacta. Rellene los pimientos con esta y sitúelos de forma que queden parados en el recipiente con la salsa. Cocínelos en horno o a fuego lento 20 min.

Sírvalos acompañados de arroz blanco o puré de papas.

Ingredientes:

2 700 g aproximadamente de rabo de res
   1 cebolla grande
   4 ajíes
   8 dientes de ajo
   2 cucharadas de pasta de tomate
   ½ cucharada de pimienta molida
   ¼ de taza de aceite
   ½ taza de vino seco
      Sal al gusto

Procedimiento:

Corte los rabos en trozos por la unión, carreteles o vértebras, sazónelos con sal y pimienta y dore los pedazos en el aceite bien caliente. Limpie y pique las especias frescas a la juliana y los ajos en pedacitos. Sofríalos hasta que se marchiten en el aceite donde doró los pedazos de rabo. Incorpore al sofrito la pasta de tomate, revuélvalo y póngalo en el recipiente donde vaya a cocinar los rabos, agregue poca agua y los rabos; cuando empiece a hervir, baje la temperatura y cocine a fuego lento hasta que los pedazos de rabo estén blanditos. Incorpore el vino seco, rectifique la sal y sepárelo del fuego cuando espese la salsa. Déjelo reposar 10 min y sírvalo.

Puede acompañarlo de arroz blanco.

En algunas regiones del país se acostumbra servir el rabo con viandas hervidas.

Puede sustituir la pimienta por 2 ajíes picantes chiquitos o la mitad de uno grande.

Ingredientes:

2 riñones de res
3 papas medianas
1 cebolla grande
2 ajies medianos
6 dientes de ajo
1 pizca de pimienta
1 hoja de laurel
1 cucharada de pasta de tomate
¼ de taza de aceite
1 taza de caldo sustancioso
100 g de tocineta ahumada
1/8 de taza de vino seco
    Sal al gusto

Procedimiento:

Abra los riñones por el medio y separe cuidadosamente todos los conductos blancos de su interior. Córtelos en lonjitas de 1 cm de ancho, lávelos, sazónelos con sal y pimienta y dórelos en una parte del aceite caliente; escúrralos bien.

En recipiente adecuado sofría la tocineta cortada a la jardinera, agregue las especias frescas cortadas igualmente. Cuando estas estén marchitas, incorpore la pasta de tomate, la hoja de laurel, el caldo, las papas peladas y picadas a la jardinera. Deje cocinar lentamente 10 min y añada el riñón, el vino seco y cocínelo 10 min más a fuego lento. Rectifique la sal y sírvalo acompañado de arroz blanco.

En las zonas orientales del país, sobre todo en las rurales, se adornaba este plato con cuñitas de pan frito que se tenía guardado en una lata para aprovecharlo en torrejas, etc., ya que el pan no se recibía en esos lugares todos los días.

Ingredientes:

2 corazones de res medianos
1 cebolla mediana
3 dientes de ajo
2 ajíes medianos
6 tomates naturales
2 cucharadas de pasta de tomate
1 hoja de laurel
1 pizca de pimienta molida
100 g de tocino

1/8 de taza de vino seco
1/8 de taza de aceite
½ taza de caldo sustancioso
Sal al gusto

Procedimiento:

Abra los corazones al centro, sepáreles las venas y nervios de su interior, córtelos en lonjas finas de 6 cm de largo y sazónelos con sal y pimienta. Pique el tocino a la jardinera fina, y las especias después de peladas y limpias, a la juliana. En recipiente adecuado sofría el tocino con una parte del aceite. Cuando esté dorado añada las especias hasta que se marchiten. Agregue la pasta de tomate, hoja de laurel, vino y caldo y deje cocinar a fuego lento 10 min. En el resto del aceite bien caliente dore las lonjas de corazón e incorpórelas a la salsa. Déjelas cocinar 5 min y sírvalas acompañadas de arroz blanco o vianda hervida.

Ingredientes:

2 kg de patas de res
1 cebolla grande
6 dientes de ajo
10 tomates naturales
2 cucharadas de pasta de tomate
2 ajíes medianos
¼ de cucharadita de pimienta molida
100 g de tocino
1 chorizo
2 cucharadas de pimentón dulce
1 hoja de laurel
1 rajita de canela en rama
1 pizca de nuez moscada

1/8 de taza de vino seco
4 cucharadas de aceite
Sal al gusto

Procedimiento:

Ponga a cocinar las patas en abundante agua con el laurel y la rajita de canela, después de cerciorarse que estén bien limpias. Cuando ablanden, sepárelas del caldo para que se refresquen y mantenga el caldo al fuego hasta que se reduzca a una taza. Corte el tocino a la jardinera gruesa y el chorizo en rueditas. En el propio recipiente donde cocinará las patas, sofría el tocino en el aceite, agregue los chorizos y las especias frescas limpias y cortadas previamente a la jardinera. Cuando estas se hayan marchitado, incorpore la pasta de tomate, el caldo reducido, el pimentón y la nuez moscada, y deje cocinar a fuego lento 5 min. Corte las patas en trozos de 5 cm, añádalos a la salsa y cocínelos 15 min a fuego lento. Adicione el vino seco, rectifique la sal y sepárelos del fuego para que reposen 10 min.

Sírvalas acompañadas de arroz blanco.

En algunas regiones del país, siguiendo la tradición española, le agregaban pasas, alcaparras y aceitunas.

Para guisar paticas de cerdo siga el mismo procedimiento, solo que debe utilizar 6 paticas.

Para hacer cualquiera de los dos guisos con papas, suspenda la canela y la nuez moscada. Basta con utilizar 6 papas medianas cortadas en 4 partes e incorporarlas a la salsa antes de echar las patas.

Ingredientes:

1 kg de patas de res
1 kg de panza de res
3 papas medianas

2 cucharadas de pimentón dulce
1 cebolla grande
2 ajíes medianos
4 dientes de ajo
3 cucharadas de pasta de tomate
¼ de cucharada de pimienta molida
1 taza de caldo de pata
4 cucharadas de aceite
   Sal al gusto

Procedimiento:

Cocine las patas y la panza por separado hasta que hayan ablandado. Pique ambas en trozos de 5 cm. Limpie y corte las especias frescas a la jardinera y sofríalas hasta que hayan marchitado. Agregue la pasta de tomate, pimentón, pimienta y sal e incorpórele la taza de caldo de patas cuando haya cocinado 5 min. Añada las patas y la panza y déjelas cocinar a fuego lento 20 min. Rocíeles el vino seco. Sepárelas del fuego y póngalas a reposar 5 min.

Sírvalas acompañadas de arroz blanco.

Algunas personas gustaban de echarles aceitunas y alcaparras, pero las llamadas negras mondongueras, que vivían de esto en la época de la colonia, no se las ponían, y se cuenta que tenían especialidad en estas preparaciones culinarias.

Ingredientes:

2 lenguas
3 cucharadas de aceite
1 cebolla grande
5 dientes de ajo
3 ajíes
6 granos de pimienta

2 cucharadas de pasta de tomate
¼ de taza de vinagre
¼ de taza de vino tinto
1 hoja de laurel
  Sal al gusto

Procedimiento:

Lave bien las lenguas y cocínelas en abundante agua con sal, laurel, pimienta en grano y vinagre hasta que se ablanden. Sepárelas del caldo y déjelas refrescar. Quíteles la piel cuidadosamente y córtelas en lonjas finas. Limpie y pique las especias frescas a la jardinera fina. Sofríalas en aceite, incorpore la pasta de tomate, vino tinto, dos tazas de caldo de la cocción de las lenguas, deposite las lonjas y déjelas cocinar en la salsa a fuego lento 15 min.

Sírvalas.

Puede adornarlas con hojas de lechuga y acompañarlas con arroz blanco.

En todos los casos las lenguas deben lavarse antes de cocinar en agua corriente y con cepillo para quitar los posibles residuos de alimentos que pueden alterar su sabor característico.

Ingredientes:

2 lenguas de res grandes
1 cebolla grande
3 dientes de ajo
1 pizca de pimienta molida
2 cucharadas de pasta de tomate
4 cucharadas de aceite
  Sal al gusto

Procedimiento:

Cocine las lenguas en abundante agua hasta que se les ablande la piel. Sáquelas y quíteles toda la piel, córtelas en lonjas de 1 cm de grueso. Sazónelas con sal y pimienta y consérvelas hasta el momento de usar.

Limpie y pique las especias frescas a la juliana fina y sofríalas en aceite hasta que estén marchitas. Incorpore la pasta de tomate, el vino y 2 tazas de agua. Coloque las lonjas de lengua en la salsa y deje cocinar a fuego lento hasta que hayan ablandado lo suficiente.

Sírvalas acompañadas de arroz blanco.

En algunos lugares del país se acostumbraba introducir un chorizo por el centro de la lengua a todo lo largo y se sumergía entera en la salsa; después que se ablandaba, se cortaba en lonjas, siguiendo con esto una tradición española; entonces se le llamaba lengua mechada con chorizo.

Ingredientes:

1½ kg de tasajo
  6 dientes de ajo
  1 cebolla grande
  2 naranjas agrias
  ¼ de taza de aceite
    Sal al gusto

Procedimiento:

Remoje el tasajo 6 h aproximadamente, cocínelo en abundante agua durante 2 h, sáquelo, refrésquelo y córtelo en forma de bisté; sazónelo con sal, ajos bien machacados y jugo de naranja agria. Fríalo en poca cantidad de aceite hasta que quede semicolorada la superficie por ambos lados. Pique la cebolla en rebanadas y sofríalas ligeramente hasta que estén marchitas.

Sirva las pencas de tasajo con las cebollas por encima y acompáñelas de boniato cocido cortado en ruedas.

Ingredientes:

1 kg de tasajo
1 cebolla grande
6 dientes de ajo
6 tomates naturales
6 ramitas de perejil
2 cucharadas de vino seco
1 pizca de pimienta
2 cucharadas de manteca de cerdo
6 tortas de casabe
    Sal al gusto

Procedimiento:

Remoje el tasajo durante 6 h, cocínelo y deshiláchelo en tiras no muy largas. Limpie y corte las especias frescas a la juliana, y el ajo y el perejil a la jardinera muy fina. Sofría las especias e incorpore el tasajo y la pimienta. Déjelo rehogar a fuego lento 10 min aproximadamente. Rocíele el vino seco. Póngalo a reposar un ratico.

Sírvalo acompañado de casabe tostado y plátanos maduros fritos.

El casabe debe situarlo siempre de zócalo del tasajo, o sea, poner la torta en el plato y sobre esta servirlo.

Ingredientes:

1 kg de tasajo
4 cucharadas de aceite
6 dientes de ajo
2 cebollas grandes
¼ de cucharadita de comino molido
6 tortas de casabe
   Sal al gusto

Procedimiento:

Remoje el tasajo durante 6 h. Lávelo 2 o 3 veces y cocínelo 2 h aproximadamente. Refrésquelo y córtelo en forma triangular de 8 cm. Aplástelo ligeramente. Sazónelo con ajos bien machacados, comino molido y sal. Pique las cebollas en rebanadas. Sofría el tasajo con la cebolla alrededor de 2 o 3 min.

Sírvalo sobre tortas de casabe previamente humedecidas en agua con sal y ajos bien fritos en 2 cucharadas de aceite.

Puede decorarlo con pimientos rojos.

Ingredientes:

460 g de tasajo
1 cebolla grande
2 ajíes medianos
4 dientes de ajo
4 tomates de cocina
2 cucharadas de pasta de tomate

6 tortas de casabe
1 taza de harina de trigo
1 cucharada de pimentón dulce
6 huevos
1 cucharada de vino seco
230 g de aceite
   Sal al gusto

Procedimiento:

Elabore un aporreado de tasajo como al estilo camagüeyano. Rocíe con agua de sal las tortas de casabe y córtelas al medio. Sitúe 2 cucharadas de tasajo en cada media torta y envuélvalas formando almohaditas. Páselas por harina de trigo y después por huevos batidos y fríalas en aceite bien caliente.

Sirva dos rollitos en cada ración acompañados de boniatos fritos.

Se cuenta que era uno de los platos predilectos de la célebre camagüeyana Gertrudis Gómez de Avellaneda.

Ingredientes:

3 plátanos verdes grandes
460 g de tasajo
2 cebollas medianas
4 dientes de ajo
1 pizca de pimienta molida
3 ramitas de perejil
3 huevos
¼ de taza de harina de trigo
2 tazas de pan molido
460 g de aceite
   Sal al gusto
2 cucharadas de vinagre

Procedimiento:

Pele los plátanos y cocínelos en agua con 2 cucharadas de vinagre y sal. Remoje el tasajo durante 6 h. Cocínelo, haga un picadillo fino y saltéelo con cebolla y perejil cortados muy finos, además con ajo y pimienta. Muela los plátanos y forme bolas haciendo un pocito en el centro, rellénelo de picadillo, ciérrelo y pase las bolas por harina de trigo, después por huevos batidos y, por último, por pan molido. Fríalas en aceite bien caliente y sírvalas poniendo 2 en cada ración.

Esta preparación es una imitación de las papas rellenas.

El municipio Placetas de la provincia Villa Clara, haciéndose eco del llamado formulado por la Asociación Culinaria de la República de Cuba para rescatar los platos típicos de nuestra cocina nacional, realizó un trabajo investigativo con la colaboración de la Comisión Municipal del Atlas de la Cultura Tradicional, sobre la preparación del plato llamado calalú.

La primera referencia a este manjar la encontramos en la página 82 del libro *Monografía Histórica de Placetas* por Martínez Fortún, quien al escribir sobre el ingenio San Andrés —el cual fue fundado en el año 1861 en los terrenos de este municipio, a poco más de una milla del parque Casallas—, hace mención de que una cocinera de ese lugar nombrada Beba Pizarro, de origen africano, acostumbraba cocinar este plato para los habitantes del ingenio; dicho escritor pudo disfrutar de él.

Posteriormente continuamos la investigación sobre el mismo dentro de los ascendientes africanos de procedencia yoruba y pudimos comprobar que en la actualidad una gran mayoría de ellos conoce perfectamente la forma de elaboración del plato, esto nos permitió completar la receta del calalú.

Como hemos sabido, el municipio Placetas se fundó el primero de enero de 1879; con anterioridad a esta fecha tuvo lugar en ese territorio el establecimiento de una gran cantidad de pequeños ingenios azucareros, cuya mano de obra era esclava —predominaban los negros de origen yoruba y congo.

Los africanos trajeron consigo sus creencias y costumbres, de ahí que en todos los aspectos del ámbito cultural y tradicional de Placetas, ha estado siempre su influencia de una u otra forma; nuestras comidas tradicionales son una muestra de ello.

El calalú es de procedencia africana, pero elaborado con productos que son comunes en este municipio, por lo que constituye un plato de cocina afrocubana; mantiene las mismas características que tuvo desde su origen.

Ingredientes:

300 g de tasajo
300 g de carne de cerdo
230 g de malanga
230 g de quimbombó
  1 mazo de verdolaga
  1 tajada de calabaza
  1 taza de maíz tierno
  2 cebollas medianas
  6 dientes de ajo
  2 ajíes medianos
  1/8 de cucharadita de pimienta
  4 cucharadas de aceite
  2 cucharadas de pasta de tomate
  1/8 de taza de vino seco
    Jugo de un limón
    Sal al gusto

Procedimiento:

Corte el tasajo en trozos de 3 cm, remójelo 6 h y póngalo a cocinar en abundante agua hasta que se ablande. Corte la carne de cerdo en pedazos igual que el tasajo. Pele y pique las viandas a la jardinera gruesa, las especias frescas a la juliana y los quimbomboes y verdolaga en tramos de 2 cm.

Ponga a dorar en el aceite la carne de cerdo, agregue el tasajo, las especias frescas y cocínelas hasta que marchiten. Añada las viandas, la pimienta, el maíz tierno, la pasta de tomate, sal y dos tazas de agua. Deje cocinar a fuego lento. Cuando se comience a ablandar todo, agregue los quimbomboes, el jugo de limón y la verdolaga. Cocine 15 min y sírvalo.

Puede acompañarlo con arroz blanco.

Ingredientes:

2½ kg de carne de cerdo (parte de la pierna)
6 dientes de ajo
½ taza de jugo de naranja agria o limón
1 taza de manteca
¼ de cucharadita de pimienta molida
   Sal al gusto

Procedimiento:

Corte la carne de cerdo en trozos de tamaños iguales. Sazónela con la sal y la pimienta. En recipiente de fondo grueso eche la grasa y cuando esté caliente, incorpore la carne, voltéela continuamente hasta que los trozos se hayan dorado parejo. Baje la temperatura y déjela cocinar hasta que ablande. Pele y triture los ajos y mézclelos con jugo de naranja agria y añada 2 cucharadas de la grasa caliente de la fritura. Separe la carne de la grasa, escúrrala bien y rocíela con el mojo de los ajos.

Este plato puede acompañarlo con yuca u otra vianda cocida.

Antiguamente, sobre todo en las zonas rurales del país que carecían de refrigeración, la costumbre era freír las masas y los chicharrones, refrescarlos bien lo mismo que la manteca, depositar las masas en un envase de madera o barro, cubrirlas con la grasa, taparlo y conservarlo en un lugar húmedo y fresco.

Cada vez que se necesitaba calentar carne se sacaba de la grasa con una cuchara o espátula de madera y se colocaba en la sartén a fuego lento. Otro método era escurrir y refrescar las masas fritas, construir un cajón de yagua (catauro) donde depositarlas, y luego colgarlo en una solera de la casa para su conservación.

Ingredientes:

6 bistés de cerdo (parte de pierna)
1 pizca de pimienta
2 naranjas agrias
3 dientes de ajo
2 cebollas medianas
3 cucharadas de aceite
Sal al gusto

Procedimiento:

Aplaste los bistés y sazónelos con sal, pimienta, ajos machacados y jugo de naranja agria. En sartén con aceite fríalos a fuego moderado para que el calor penetre en sus tejidos. Sírvalos con las cebollas marchitas en la propia grasa en que se frieron.

Las carnes de cerdo, en general, deben comerse siempre bien cocinadas porque suelen tener algunos tipos de parásitos muy dañinos para la salud del hombre.

El hábito del consumo de los bistés de cerdo nace en las casas campesinas, sobre todo en lugares montañosos donde no se recibía pan con frecuencia. Los campesinos que podían acostumbraban desayunar bisté de cerdo con plátanos hervidos el día que mataban el animal, el resto del tiempo lo hacían con chicharrones o masas fritas conservados en manteca, siempre acompañados de plátanos hervidos o yuca frita, que generalmente quedaba de la comida del día anterior.

Ingredientes:

2 ½ kg de cerdo joven
6 dientes de ajo
1 pizca de pimienta molida

1 pizca de comino molido
1 pizca de orégano molido
1 pizca de laurel molido
2 naranjas agrias
3 tazas de aceite
  Sal al gusto

Procedimiento:

Corte la carne con hueso y piel en trozos de 7 cm de ancho por 10 cm de largo aproximadamente. Machaque bien los ajos después de pelados e incorpore las especias secas, jugo de naranjas agrias y sal; revuelva y con la mitad de este mojo adobe la carne y déjela reposar durante 2 h. En recipiente de fondo grueso ponga la carne a cocinar con la grasa, a fuego moderado, hasta que haya ablandado lo suficiente. Separe la carne de la grasa y déjela refrescar 15 min. Caliente bien la grasa e incorpore nuevamente la carne para que dore y se ampolle la piel. Sáquela, escúrrala y agregue al mojo restante 3 cucharadas del aceite caliente; revuélvalo y rocíe la carne frita. Sírvala.

Este plato debe acompañarse con arroz moros y cristianos y yuca cocida.

Tradicionalmente en las comidas con este menú se ponía abundante ensalada de lechuga, tomates y rábanos.

El cerdo ideal para este plato es el joven y no muy gordo.

Ingredientes:

4,5 kg de lechón tierno
1 cabeza mediana de ajo
¼ de cucharadita de orégano molido
¼ de cucharadita de comino molido
¼ de cucharadita de pimienta molida
1 pizca de laurel molido

1 taza de jugo de naranja agria o limón
½ taza de aceite
   Sal al gusto

Procedimiento:

Tome el cerdo y hágale varias incisiones por la parte interior. Mezcle con el jugo de naranja agria, el aceite, los ajos triturados, las especias secas molidas y la sal. Adobe por la parte interior la carne con el mojo haciendo que penetre por las incisiones. Colóquelo en una tártara sobre algunos calzos para que no se pegue, con la parte interior hacia arriba; manténgalo a horno moderado 1 ½ h aproximadamente. Rocíelo de vez

en cuando con el mojo. Pasado este tiempo, vírelo para que dore y tueste la piel. Concluido el asado, refrésquelo y córtelo en trozos de ½ ración.

Puede acompañarlo con yuca o casabe y arroz moros y cristianos. Mezcle el mojo restante con un poco del jugo del asado y póngalo al lado para sazonar más el cerdo, casabe o yuca, a gusto del invitado.

En dependencia de la región de que se trate, la fórmula de asar el lechón varía; por ejemplo, puede asarse en hamaca, en púa o en parrilla, aunque el principio no varía. Así mismo hay regiones del país que prefieren asar el lechón sin sal, ni mojo, y a la hora de servirlo poner los aderezos en la mesa para que el invitado lo condimente a su gusto.

Los lechones para asar siempre deben estar entre 60 y 100 lb de peso; pasado el mismo, será muy grasoso y la piel dura.

Ingredientes:

1 ½ kg de carne de cerdo asada
  1 cebolla grande
  6 tomates naturales
  4 cucharadas de puré de tomate
  6 dientes de ajo
10 ramitas de perejil
  4 cucharadas de aceite
    Sal al gusto

Procedimiento:

Limpie la carne de huesos y córtela en trozos irregulares no muy grandes. Limpie y pique las especias frescas a la juliana gruesa y marchítelas en aceite. Incorpore el perejil cortado muy fino; agregue el puré de tomate, sal y una taza de agua. Deje cocinar lentamente 5 min. Añada la carne de cerdo, revuelva y cocínela o caliéntela en la salsa 5 min. Sírvala.

Puede acompañar la montería con yuca, mojo o casabe rociado con agua de sal.

La montería solía hacerse los días 25 de diciembre con el cerdo asado que quedaba de la noche anterior llamada Nochebuena, que se celebraba los días 24 de diciembre. Era un delicioso plato, sobre todo al día siguiente de haber ingerido bebidas alcohólicas.

Ingredientes:

3 plátanos (vianda) verdes
230 g de carne de cerdo
230 g de empella de cerdo
1 cabeza mediana de ajo
1 pizca de pimienta molida
200 g de manteca
Sal al gusto

Procedimiento:

Pele los plátanos y córtelos en trozos de 2 cm; fríalos a fuego lento hasta que hayan cocinado hasta el centro. Pique la carne de cerdo y empella a la jardinera y fríalas hasta que tomen un color dorado. Machaque los plátanos o muélalos. Incorpore la sal, la pimienta, la empella, las masitas de cerdo y los ajos machacados, ya sofritos en tres cucharadas de la grasa. Mezcle todo bien y sírvalo.

Ingredientes:

1 kg de carne de cerdo entreverada
1 cabeza de ajo

5 cucharadas de pimentón dulce
1 cucharadita de pimienta molida
½ cucharadita de orégano molido
¼ de taza de vino seco
1 semilla de nuez moscada
1 tramo de 1,5 m de tripa de cerdo
Sal al gusto

Procedimiento:

Muela la carne junto con los ajos pelados. Sazónela con sal, pimentón, pimienta, orégano molido, nuez moscada y vino seco. Mezcle todo bien y embuta la carne en la tripa previamente lavada; para ello amarre una punta de esta, vírela al revés y en la medida que vaya empujando la carne, ella se irá formando nuevamente. Cuando haya embutido toda la carne, amarre la longaniza en tramos de 10 cm. Para ahumarla tome una lata de aceite vacía, hágale algunos huecos cerca del fondo para que permita la circulación de aire. Deposite brasas de carbón vegetal en el fondo y sitúe dos palitos sobre la parte superior de la lata (sin tapa). Cuelgue las longanizas de dos en dos en los palitos y tape la lata para concentrar el humo. Deje caer cada cierto tiempo sobre las brasas, 3 o 4 hojas de guayaba o limonero para que hagan humo y algún que otro puñado de azúcar crudo y déjelas ahumar por espacio de 2 h. Fríalas al momento de servirlas.

Puede acompañarlas con viandas fritas, preferiblemente papas.

Ingredientes:

1 kg de carne de cerdo
1 kg de quimbombó
5 dientes de ajo
1 cebolla grande

2 ajíes medianos
2 cucharadas de pasta de tomate
2 limones
1 pizca de comino molido
1 pizca de orégano molido
1 pizca de pimienta molida
4 cucharadas de aceite
1/8 de taza de vino seco
   Sal al gusto

Procedimiento:

Corte el cerdo en trozos de 2 cm^2 y los quimbomboes en rodajas de 2 cm de largo. Pique las especias frescas a la juliana fina,
previamente limpias.

Sazone la carne de cerdo con las especias secas, sal y dórelas
en aceite caliente en el propio recipiente donde cocinará los
quimbomboes. Separe la carne de cerdo y en la misma vasija
incorpore las especias frescas; sofríalas hasta que estén marchitas. Agregue la pasta de tomate y 2 tazas de agua o caldo sustancioso preferiblemente. Eche la carne y deje cocinar durante
30 min a fuego lento. Añada los quimbomboes sazonados antes con el jugo de los limones y cocínelos 10 min más. Separe el
recipiente del fuego, deje reposar el guiso 5 min y sírvalo.

Puede acompañarlo con arroz blanco o rodajas de pan.

En algunas regiones del país, sobre todo en las zonas rurales de Camagüey, se agrega a este guiso bolitas de harina de
maíz tierno y plátanos pintones.

El quimbombó a la criolla se elabora en la misma forma,
solo que en lugar de carne de cerdo fresca debe utilizar tocino
desalado previamente.

Ingredientes:

1 cabeza de cerdo mediana
1 cebolla grande

6 dientes de ajo
3 ajíes medianos
5 granos de pimienta
6 ramitas de perejil
6 tomates naturales
2 cucharadas de pasta de tomate
1 hoja de laurel
1 taza de caldo de cabeza de cerdo
¼ de taza de vino seco
4 cucharadas de aceite
  Sal al gusto

Procedimiento:

Ponga a cocinar la cabeza con sal, pimienta en grano y laurel en agua de forma que la cubra. Déjela a fuego moderado durante 2 h. Saque la cabeza del caldo, póngala a refrescar, reduzca el caldo a una taza. Corte la carne de la cabeza en pedazos de 6 cm aproximadamente. Limpie y pique a la juliana bien fina las especias frescas, y en recipiente adecuado sofríalas ligeramente. Incorpore la pasta de tomate y el caldo cuando haya cocinado 5 min. Agregue la carne y el vino seco. Rectifique la sal y deje cocinar a fuego lento 10 min.

Sírvalo acompañado de arroz blanco y/o vianda cocida.

En algunas zonas del país, sobre todo en las casas de familia de mayor nivel económico, aderezaban este guiso con aceitunas, pasas y alcaparras; en otras le ponían una muñequita de hojas de mejorana, romero y hierbabuena, en particular los que eran de procedencia Canaria.

Ingredientes:

1 cabeza de cerdo grande
1 cebolla grande
5 dientes de ajo
3 ajíes medianos
2 cucharadas de pasta de tomate
1 hoja de laurel
5 granos de pimienta
2 plátanos pintones
1/8 de taza de vino seco
1 taza de caldo de la cabeza de cerdo
3 cucharadas de aceite
Sal al gusto

Procedimiento:

Cocine en agua con sal, pimienta en grano y laurel la cabeza hasta que haya ablandado bien. Sáquela del caldo y déjela refrescar. Corte después de limpias las especias frescas a la juliana fina y sofríalas en el aceite; cuando estén doradas, agregue la pasta de tomate, el caldo y los plátanos picados en ruedas de 2 cm. Separe la carne de la cabeza, córtela en trozos de 6 cm y cocínela a fuego lento 15 min. Rocíe el vino seco, quítela del fuego, déjela reposar 5 min y sírvala.

Puede acompañarla con arroz blanco.

Este plato se hace además con habichuelas, chayote o quimbombó en lugar de plátanos, utilizando el mismo procedimiento, solo que en el caso del quimbombó debe mantenerlo 10 min en agua con jugo de limón o vinagre para que no le quede muy gelatinoso. También puede sustituir la cabeza de cerdo por carne de res o ave, pero entonces en lugar de hervirla como la cabeza, debe cortarla en trozos y dorarla en aceite.

*

Ingredientes:

1 kg de carne de cerdo
1 cebolla mediana
6 dientes de ajo
3 ajíes medianos
6 tomates naturales
2 cucharadas de pasta de tomate
1/8 de taza de vino seco
3 cucharadas de aceite
Ñingüeré
Sal al gusto

* Hierba silvestre familia de la verdolaga. Crece en algunas regiones del país como Trinidad. Fue muy utilizada por los esclavos.

Procedimiento:

Sazone con sal la carne de cerdo cortada en trozos de 3 cm^2. Sofríala en aceite hasta que dore. Pique las especias frescas a la juliana, incorpórelas al cerdo y cocínelas hasta que estén marchitas. Agregue la pasta de tomate, el vino seco y 2 tazas de agua. Deje cocinar lentamente hasta que la carne comience a ablandar. Añada el ñingüeré cortado en tramos de 2 cm y cocínelo 15 min. Separe el guiso del fuego y déjelo reposar 5 min.

Sírvalo acompañado de arroz blanco y decorado con ramitas frescas de ñingüeré.

En la década de los años veinte, o posiblemente antes, se estableció en el poblado de Catalina de Güines, municipio Güines, el ciudadano Guillermo Armenteros, más conocido por el sobrenombre de El Congo.

Por la precaria situación económica en que se vivía en aquella época, Guillermo Armenteros trató de abrirse camino a pesar de su condición de negro y echándose un tablero a cuestas comenzó a vender por las calles del poblado las que en el futuro serían las célebres y deliciosas butifarras El Congo.

En esa época, en las zonas rurales de Catalina, se habían hecho tradicionales los famosos guateques campesinos y hacia esas zonas empezaron a moverse los tableros de butifarras, a pie, a caballo, o al vaivén de un rústico carretón tirado por mulos y alumbrado en horas de la noche por la luz de un viejo farol carretero.

Tanto fue el éxito alcanzado, que ya nuestro innovador pensó en montar un pequeño establecimiento y escogió un callejón que actualmente es parte de la carretera central; construyó en ese lugar un kiosquito y colocó en su fachada un peculiar letrero que decía Butifarras El Congo. Estas iban adquiriendo ya fama regional y provincial y todo el pueblo hablaba de ellas.

En ocasión de una actividad artística que se celebraba en el poblado de Catalina, contaron con la presencia del célebre músico Ignacio Piñeiro, director en aquel entonces del Septeto Nacional.

No podía faltar la visita del grupo musical al ya famoso kiosco de las butifarras El Congo, donde se les obsequió con un brindis por parte de su propietario, y surgió allí, precisamente, la inspiración de Piñeiro para crear el histórico son montuno *Échale salsita*, que se convirtió en poco tiempo en una de las más populares piezas musicales, divulgadora de las célebres butifarras a nivel nacional.

Por el año 1955, ya fallecido el creador de este exquisito producto, sus familiares se dieron a la tarea de construir un moderno restaurante frente al histórico kiosco, pero manteniendo este último para brindar sus servicios a la población.

Al nuevo restaurante lo nombraron El Congo y las butifarras pasaron a ser un plato más del servicio genérico que ofertaban.

Ingredientes:

460 g de carne de res
460 g de carne de cerdo
  1 cabeza de ajo
  1 cebolla grande
  ¼ de cucharadita de comino molido
  ¼ de cucharadita de orégano molido
  ¼ de cucharadita de pimienta molida
  ½ taza de vino seco
  1 semilla de nuez moscada rallada
  2 cucharadas de azúcar crudo
  1 tramo de 1,5 m de tripa de cerdo
    Sal al gusto

Procedimiento:

Corte las carnes en trozos pequeños; sazónelas con sal, pimienta, comino, orégano, nuez moscada, azúcar y vino seco;

déjelas macerar 12 h en refrigeración; pasado este tiempo muélalas con los ajos y la cebolla pelados y embútalas en la tripa de la misma forma que se explica en las butifarras pinareñas. Amárrelas en tramos de 5 cm.

Las butifarras El Congo pueden comerse fritas o con salsita, de ahí el famoso son de Ignacio Piñeiro.

Ingredientes para la salsita:

1 cebolla grande
5 dientes de ajo
3 cucharadas de pimentón dulce
2 cucharadas de aceite
2 cucharadas de azúcar refino
4 cucharadas de vinagre
Sal al gusto

Procedimiento:

Sofría en el aceite el ajo y la cebolla cortada a la jardinera fina. Incorpore el pimentón, la sal, el azúcar y el vinagre, también 2 tazas de agua. Cocine hasta que se reduzca a una taza y agregue sobre cada ración 2 cucharadas de salsa. El picante se sirve aparte para que lo utilice a su gusto la persona que lo desee.

OTROS PLATOS

Ingredientes:

3 kg de chivo o carnero
2 cebollas medianas
6 dientes de ajo
3 ajíes
6 tomates de cocina
½ taza de aceite
3 cucharadas de pasta de tomate
¼ de taza de vino seco
1 cucharadita rasa de pimienta molida
½ cucharadita de comino molido
1 pizca de orégano molido
3 onzas de caldo
    Sal al gusto

Procedimiento:

Corte el chivo o carnero en trozos de 4 cm² aproximadamente. Limpie y pique las especias frescas a la juliana, sofríalas ligeramente; incorpore las especias secas, la pasta de tomate y el caldo; déjelo cocinar todo a fuego lento 10 min. Sazone con sal los pedazos de carnero y dórelos en cazuela o sartén en poco aceite. Es importante que queden bien dorados. Sitúe la carne y la salsa en un recipiente adecuado y cocine a fuego lento hasta que se ablande. Cuando haya ablandado lo suficiente, eche el vino seco, separe el recipiente del fuego y déjelo reposar 10 min.
    Sírvalo acompañado de arroz blanco.
    Puede sustituirse una parte de la pimienta por ajíes picantes.

Ingredientes:

1 kg de carne de jicotea
200 g de tocino ahumado
2 zanahorias medianas
1 tallo de ajo puerro
1 cebolla grande
1 hoja de laurel
4 tomates naturales
1 toronja
4 cucharadas de aceite
½ cucharada de pimienta molida
   Sal al gusto

Procedimiento:

Sazone la carne con sal, pimienta y jugo de toronja. Méchela con tiras de tocino. Dore en aceite bien caliente la carne y agregue los vegetales y especias frescas cortadas en forma irregular. Añada 3 tazas de agua y cocine a fuego lento hasta que la carne se ablande. Separe la carne del recipiente. Déjela refrescar y píquela en lonjas finas. Pase la salsa por un colador de malla fina y redúzcala al fuego hasta obtener una taza.
   Sirva las lonjas de carne bañadas con la salsa.
   Puede acompañarlas con papas asadas.

Ingredientes:

12 huevos
6 papas medianas
4 dientes de ajo
1 cebolla grande

3 ajíes medianos
1/8 de taza de vino seco
3 zanahorias medianas
¼ de taza de aceite
2 cucharadas de pasta de tomate
1 ½ tazas de caldo
1 hoja pequeña de laurel
2 cucharadas de mantequilla
Sal al gusto

Procedimiento:

Hierva los huevos en agua con una pizca de sal durante 6 min; déjelos refrescar, descascárelos y manténgalos en agua. Pele y corte las especias frescas a la juliana, sofríalas en aceite hasta que estén marchitas; incorpore la hoja de laurel, la pasta de tomate y el caldo, y deje que cocine a fuego lento 10 min. Rectifique el punto de sal, agregue el vino seco y separe la salsa del fuego. Pele y pique las papas y las zanahorias en rodajas y cocínelas en agua con sal hasta que ablanden. Sitúe en plato o fuente los vegetales cocinados. Corte los huevos en mitades y póngalos sobre los vegetales, báñelos con la salsa y sírvalos.
Puede acompañarlos con arroz blanco.

Ingredientes:

12 huevos
2 plátanos maduros medianos
6 cucharadas de aceite
Sal al gusto

Procedimiento:

Casque los huevos y bátalos bien con sal. Pele y fría los plátanos maduros cortados en lonjas. Después de fritos vuelva a cortarlos a la jardinera. Sitúe al fuego una sartén grande con el aceite. Cuando esté caliente incorpore los huevos batidos mezclados con los plátanos. Deje cocinar durante 3 min por cada lado. Para virar la tortilla puede auxiliarse de una tapa o plato llano grande. Divídala en 6 pedazos y sírvala.

Si desea, puede hacer la tortilla individual utilizando 2 huevos para cada ración y dividiendo el plátano y el aceite en 6 partes iguales; para eso debe emplear una sartén pequeña.

Ingredientes:

6 malangas medianas
6 dientes de ajo
2 limones
4 cucharadas de aceite o manteca de cerdo
Sal al gusto

Procedimiento:

Pele y lave las malangas, córtelas en forma diagonal, cocínelas en agua con sal por espacio de 20 min aproximadamente. Machaque los ajos descascarados, incorpore el jugo de limón y el aceite bien caliente.

Sirva las malangas bañadas con este mojo. Dicha fórmula se utiliza para el ñame, chopo, malanga amarilla, boniato, plátanos hervidos y calabaza cocida.

Usted habrá notado que nuestras recetas usan poca grasa de origen animal —aunque la cocina típica la utilizaba, y muchas veces en demasía—, pero esto no es por pura coincidencia, ya que el aceite vegetal es mucho menos dañino para la salud que la grasa animal, por eso le aconsejamos que siempre que pueda lo emplee.

Ingredientes:

½ kg de malanga
1 taza de aceite
Sal al gusto

Procedimiento:

Pele, lave y corte las malangas en láminas muy finas. Fríalas en aceite bien caliente sin dejar de removerlas con la espumadera para que no se peguen. Las malangas fritas deben quedar crocantes, o sea, después que suban a la superficie de la grasa, déjelas que tomen un color dorado pálido, escúrralas, espolvoréeles sal y sírvalas.

Se pueden escurrir bien y guardar en recipiente hermético.

Ingredientes:

3 plátanos pintones
Sal al gusto

Procedimiento:

Corte las punticas a los plátanos y hágales una incisión en la cáscara a todo lo largo. Póngalos a hervir en agua con sal durante 20 min. Sáquelos, pélelos y córtelos en trozos longitudinales y sírvalos calientes, sobre todo si los prefiere verdes, para que no se endurezcan.

Ingredientes:

4 plátanos verdes
½ kg de cerdo entreverado para chicharrones
2 cucharadas de jugo de limón
4 dientes de ajo
1 cucharada de aceite
Sal al gusto

Procedimiento:

Corte las punticas a los plátanos, hágales una incisión a la cáscara por todo el largo y cocínelos en abundante agua con la sal y limón hasta que hayan ablandado. Pele los ajos y macháquelos. Corte la carne en pedazos pequeños y fríala hasta que la piel haya ampollado y soltado toda la grasa. Machaque o muela los plátanos sin cáscaras mezclándolos con los chicharrones. Sofría los ajos en pequeña cantidad de aceite, incorpórelos a la mezcla y revuélvalos bien.

Sírvalo caliente acompañado de una tapa de limón por cada ración.

Ingredientes:

3 plátanos (vianda) medianos
1 taza de aceite
Sal al gusto

Procedimiento:

Pele los plátanos y córtelos en rodajas muy finas, y manténgalas en agua para que no se peguen. Ponga a calentar el aceite e incorpore las rodajas en pocas cantidades revolviendo con la espumadera para que queden sueltas. Cuando hayan subido a la superficie y tengan un color dorado, sáquelas; escúrrales bien la grasa y espolvoréeles la sal.

Las mariquitas puede mantenerlas hasta 72 h, escurridas y envasadas en un recipiente o nylon cerrado herméticamente.

Ingredientes:

3 plátanos verdes
1 taza de aceite
Sal al gusto

Procedimiento:

Pele los plátanos y córtelos en rueditas de 2 cm de largo, póngalos a cocinar en aceite a mediana temperatura 7 min aproximadamente. Sáquelos, escúrralos y aplástelos de forma tal, que queden de 1 cm de altura; suba la temperatura al aceite y cuando esté bien caliente, incorpórelos nuevamente y déjelos freír alrededor de 2 min. Escúrralos y sírvalos espolvoreándoles sal.

Los mejores plátanos para chatinos son los plátanos machos y los burros o fongos, llamados así en diferentes regiones del país.

Los chatinos suelen ser deliciosos si se frotan después de fritos con ajos bien machacados hasta convertirlos en pasta.

Ingredientes:

3 plátanos maduros
1 taza de aceite

Procedimiento:

Pele los plátanos y córtelos en tajadas longitudinales. Caliente el aceite e incorpórelos en pocas cantidades y cocínelos a fuego moderado hasta que hayan tomado un color amarillo oscuro. Sáquelos de la grasa, escúrralos bien y sírvalos calientes.

Los plátanos maduros fritos y chatinos (tostones o patacón pisao), tienen sus raíces en los países bananeros, desde donde llegaron a Cuba; constituyen un plato típico de América.

Ingredientes:

6 plátanos verdes
½ taza de ajonjolí
½ kg de cerdo entreverado (gordo)
    Sal al gusto

Procedimiento:

Quite los extremos a los plátanos, haga una incisión en la cáscara a todo lo largo y póngalos a hervir en agua con sal. Corte el "gordo" en tamaño regular y haga los chicharrones. Seguidamente tueste el ajonjolí. Una vez blandos los plátanos, quíteles la cáscara y páselos por la máquina de moler junto con el ajonjolí y los chicharrones; mezcle bien todos estos productos y haga porciones de regular tamaño dándoles forma redonda.

Sírvalas en fuente o plato.

Ingredientes:

½ kg de yuca
3 huevos
1 ½ tazas de harina de trigo
2 cucharadas de azúcar
4 cucharadas de aceite
1 cucharada de polvo de hornear
2 tazas de manteca para freír
Sal al gusto

Procedimiento:

Pele la yuca, lávela y cocínela hasta que ablande; refrésquela y haga un puré fino. Casque y bata los huevos. Mezcle bien la yuca, huevos, harina de trigo, azúcar, aceite, polvo de hornear y sal. Tape la mezcla con un paño en el propio recipiente y déjela reposar 1h para que el polvo de hornear actúe. En una vasija adecuada para freír, deposite la manteca y cuando esté caliente incorpore cucharadas de la mezcla. Después que las frituras suban a la superficie de la grasa, vírelas hasta que se doren por ambos lados; escúrralas y sírvalas.

Ingredientes:

½ kg de calabaza
½ taza de harina de trigo
3 huevos
4 cucharadas de azúcar
Aceite para freír
1 cucharadita de polvo de hornear
Sal al gusto

Procedimiento:

Cocine la calabaza después de limpia en poca cantidad de agua, tratando de que cuando esté blanda la haya consumido toda (al vapor). Haga de ella un puré muy fino, mezcle el puré con azúcar, harina, polvo de hornear y huevos batidos, revuélvalo todo bien, tape la mezcla y déjela reposar 15 min. Sitúe al fuego un recipiente adecuado con abundante aceite para freír. Cuando esté caliente incorpore cucharadas de la mezcla; después que las frituras suban a la superficie del aceite, vírelas y déjelas freír hasta que tomen un color dorado por ambos lados. Sáquelas y escúrralas bien y sírvalas al momento.

Puede espolvorearles azúcar o sumergirlas en almíbar para utilizar como postre, o servirlas al natural acompañando cualquier otro alimento.

Ingredientes:

½ kg de maíz tierno molido
½ kg de harina de trigo
¼ de taza de azúcar refino
2 cucharadas de polvo de hornear

3 huevos
1 taza de aceite
Sal al gusto

Procedimiento:

Mezcle bien la harina de trigo con el maíz, los huevos batidos, polvo de hornear, azúcar y sal. Deje reposar la mezcla 10 min. En un recipiente adecuado con el aceite bien caliente, deposite cucharadas de la mezcla y cuando estas suban a la superficie, voltéelas hasta que adquieran un color dorado. Sáquelas de la grasa, escúrralas bien y sírvalas.

Las frituras de malanga o ñame puede hacerlas de la misma forma, solo que en este caso debe rallarlos.

En algunas provincias o regiones del país son utilizadas en los días de fiestas como postre, sobre todo en las zonas rurales, enchumbadas en almíbar, miel de abejas o melado de caña.

Ingredientes:

½ kg de tetis
1 ½ tazas de harina
4 huevos
1 cucharada de polvo de hornear
6 ramitas de perejil
2 cucharadas de aceite
1 taza de caldo de pescado
Sal al gusto

Procedimiento:

Cierna la harina y el polvo de hornear. Agregue el caldo o agua y mézclelo bien; añada seguidamente el aceite y los huevos batidos. Revuelva con una espátula o cuchara de madera. Deje reposar 10 min. Transcurrido este tiempo, adicione a la mezcla anterior el tetis y el perejil; póngala a reposar 15 min. Fríalas por cucharadas en aceite caliente.

Sírvalas en platos medianos o fuente.

El tetis es un pez muy pequeño que habita solamente en el río Toa en la provincia Guantánamo.

Ingredientes:

6 yucas medianas
230 g de aceite
Sal al gusto

Procedimiento:

Pele, corte y hierva las yucas; una vez blandas, escúrralas y quíteles la hebra central. Caliente el aceite y fríalas hasta que tomen un color dorado.

Sírvalas en plato mediano o acompañando el plato principal.

Los orígenes del maíz pelado, producto elaborado a base de maíz hervido con cenizas, no han podido determinarse fijamente pese a las investigaciones realizadas.

No obstante, se conoce que en la provincia Sancti Spíritus existe un producto más o menos similar que llaman maíz pasol. De igual forma sabemos que desde el pasado siglo en la ciudad de Camagüey se preparan distintos platos a partir de este grano, tales como guisos, arroces, etc., quizás por el parecido que tiene con el garbanzo una vez procesado.

Ya desde principios del siglo XIX y hasta mediados del XX, existían vendedores ambulantes que en cubos galvanizados colgados de ambos brazos ofertaban el producto y medían las porciones con latas de leche condensada, y lo anunciaban con un pregón característico que se hizo popular en la ciudad.

A partir de la década del 50 dejó de producirse y, por ende, de consumirse, posiblemente por la modernización de las cocinas: de carbón vegetal a combustibles líquidos (kerosene, alcohol, etc.) o gas licuado, electricidad y otros, que eliminaron el residuo de cenizas, factor determinante para el procesamiento del maíz pelado.

Ingredientes:

2 tazas de maíz
½ kg de carne de cerdo
100 g de tocineta
1 chorizo
100 g de jamón
6 dientes de ajo
1 cebolla grande
3 ajíes medianos
6 tomates
¼ de taza de vino seco
3 cucharadas de aceite
¼ de cucharadita de pimienta molida
Sal al gusto

Procedimiento:

Seleccione el maíz seco o que ha empezado a madurar. Remójelo durante 3 h. Póngalo a cocinar con agua y cenizas. Déjelo hervir 1h aproximadamente. Lávelo en agua corriente para que suelte la piel. Hierva la carne de cerdo 10 min, refrésquela. Corte en lonjas los cárnicos, y en un recipiente adecuado saltéelas, agregue el maíz, añada un sofrito hecho con las especias picadas finas, la pimienta y la sal. Si es necesario, adicione una pequeña cantidad del caldo de la cocción de la carne.

Sírvalo en plato mediano o fuente.

Ingredientes:

3 tazas de granos de maíz
4 cucharadas de aceite
100 g de azúcar
1 cucharada de anís
   Sal al gusto

Procedimiento:

Seleccione el maíz que ha empezado a madurar, hiérvalo en agua y cenizas hasta que esté blando; sáquelo, lávelo y escúrralo. Sofríalo en aceite y puntéelo de sal y azúcar. Si se desea, puede darle sabor a anís.
   Sírvalo bien caliente en plato mediano o en fuente.

Ingredientes:

2 tazas de harina de maíz
2 tazas de picadillo (ya elaborado)
¼ de taza de vino seco
¼ de cucharadita de pimienta
6 dientes de ajo
1 cebolla grande
3 cucharadas de manteca de cerdo
4 tazas de caldo de ave
1 pizca de orégano
1 hoja de laurel
3 cucharadas de pasta de tomate
   Sal al gusto

Procedimiento:

En una cazuela apropiada saltee el ajo y la cebolla cortados finos, las especias secas, la pasta de tomate y el vino seco; rehogue 5 min. Agregue el caldo y la harina; deje cocinar 40 o 50 min aproximadamente. En una tártara untada con grasa coloque una capa de harina y una de picadillo y la última de harina, deje reposar y córtela en cuadros.

Puede hacerse individualmente en plato, siguiendo los mismos pasos.

El picadillo debe saltearlo aparte, sazonado con sal y pimienta.

Ingredientes:

24 plátanos fruta verdes
4 cucharadas de leche de coco
460 g de carne de cerdo entreverada
2 cebollas medianas
2 ajíes medianos
6 dientes de ajo
6 tomates de cocina
2 cucharadas de aceite
2 limones
Sal al gusto
6 tramos de hojas de plátano

Procedimiento:

Pele los plátanos y rállelos. Agregue el jugo de limón, la leche de coco y la sal. Sofría la carne de cerdo cortada en trozos de 2 cm. Eche a la carne las especias frescas picadas finas y cuando estén marchitas, incorpore el plátano rallado y mezcle todo bien; forme cartuchitos con hojas de plátano, rellénelos y envuélvalos procediendo de la misma forma que para hacer tamales;

cocínelos en abundante agua durante 50 min aproximadamente. Sáquelos, déjelos reposar 10 min y sírvalos igual que los tamales en hojas.

La hoja de plátano debe pasarla por agua hirviendo para que se marchite y no se rompa.

Este plato es tradicional en la región de Baracoa.

Ingredientes:

3 tazas de maíz tierno rallado o molido
350 g de carne de cerdo
1 cebolla grande
6 dientes de ajo
1/8 de cucharadita de pimienta
1 cucharada de pimentón dulce
2 cucharadas de aceite
Sal al gusto

Procedimiento:

Sofría en aceite la carne de cerdo cortada en trozos de 2 cm. Cuando esta haya dorado, incorpore las especias frescas picadas a la jardinera hasta que se marchiten; añada el pimentón y mézclelo con el maíz rallado; agregue la sal y la pimienta. Seleccione previamente las hojas de las mazorcas de maíz más grandes y tiernas; eche de la mezcla y forme con una de ellas un cartuchito doblando la parte inferior hacia arriba, tape este con otra hoja doblando la parte inferior hacia abajo, de manera que quede como una almohadita, amárrelo en cruceta anudando siempre el tamal por el centro; hiérvalo en agua con una pizca de sal durante 25 min. Saque los tamales del agua y sírvalos quitándoles la mitad de las hojas.

Algunas personas gustan de servir los tamales con salsa picante, otros con salsa dulce ketchup. La diferencia que existe entre el tamal y la hayaca es que esta última se hace sin carne, costumbre de las provincias orientales, y la diferencia que hay entre el tamal y el tayuyo es que el segundo se envuelve en hojas de plátano marchitas en agua caliente para facilitar la envoltura, pero nunca queda tan pareja como en la hoja de la mazorca; de ahí el dicho del tayuyo mal envuelto.

Ingredientes:

2 tazas de harina de trigo
¼ de taza de manteca de cerdo
1 cucharada de polvo de hornear
2 cucharadas de azúcar turbinada
¼ de taza de agua
230 g de carne de cerdo
6 dientes de ajo
1 cebolla grande
3 ajíes medianos
1 pizca de pimienta
Sal al gusto

Procedimiento:

Muela la carne de cerdo, sazónela con la sal y la pimienta, sofríala en grasa caliente con las especias cortadas finamente. Coloque la harina de trigo en forma de pirámide en una mesa apropiada, agregue la sal, el polvo de hornear y parte de la grasa; amase bien e incorpore el almíbar y amase nuevamente. Separe pedazos medianos, deles forma redonda y estírelos con un rodillo de madera. Coloque una cucharada del relleno, en cada uno, dóblelos y aplaste los bordes con un tenedor. Fría las empanadillas en grasa caliente. Sírvalas en plato mediano.

Ingredientes:

2 tazas de harina de maíz
2 yucas medianas
4 tazas de agua
230 g de carne de cerdo entreverada
230 g de grasa
1 cebolla grande
3 ajíes medianos
¼ de cucharadita de pimienta
1 hoja de laurel
¼ de taza de vino seco
6 dientes de ajo
1 taza de harina de trigo
Sal al gusto

Procedimiento:

Pele la yuca, cocínela y pásela por la máquina de moler. En un recipiente adecuado mezcle la harina, la yuca, la sal y el agua hasta obtener una masa compacta; échela en bolsa de tela de un tamaño apropiado, colóquela en una cazuela con agua hirviendo sobre una tapa puesta en el fondo del recipiente para que no se pegue, déjela cocinar durante 1 h aproximadamente. Muela la carne de cerdo, sofríala, agregue el ajo, la cebolla y el ají picados fino, y las especias secas machacadas; remueva bien y perfume con el vino. Refresque la masa, divídala en porciones y aplástela con el rodillo espolvoreándole harina de trigo para que no se pegue. Añada una cucharada de relleno encima; dóblelas y fríalas en grasa caliente. Sírvalas en plato mediano.

A través de los años en nuestro país se ha mantenido como una tradición muy arraigada a nuestras costumbres, la atención a visitantes e invitados basada en la oferta de comidas familiares, elaboradas con distintos platos. Estas costumbres se ponen de manifiesto fundamentalmente en ocasiones en que se celebran hechos importantes.

En tales circunstancias, en el poblado del central Violeta, hoy municipio Primero de Enero de la provincia Ciego de Ávila, en diciembre de 1921, el matrimonio Octavio Ordoqui y su esposa Isabel Pereira decidieron celebrar el nacimiento de su hijo Octavio Julio. Y con tal motivo, el padre, aficionado al arte culinario, decidió preparar varios platos para la ocasión, y entre ellos se encontraba el arroz relleno.

Esta y otras recetas fueron recogidas por su esposa Isabel para otras oportunidades, y a lo largo de los años se ha elaborado y siempre ha gustado mucho, ya que es delicioso y fácil de confeccionar.

Ingredientes:

580 g de pollo
435 g de arroz
145 g de mantequilla
 58 g de cebolla
 87 g de salsa de tomate
 46 g de vino seco
600 g de caldo de ave
      Aceite para freir
      Sal al gusto

Procedimiento:

Limpie y corte los pollos. Fríalos en aceite. Prepare un caldo con los subproductos de ave. Pique bien pequeñita la cebolla. Escoja el arroz y lávelo.

Caliente la mantequilla y sofría en ella las cebollas; cuando estén doradas, añada la salsa de tomate, el vino, el caldo, el arroz y la sal. Déjelo a fuego moderado hasta que esté cocinado. Ponga la mitad de él en un molde engrasado con mantequilla, coloque las masas de pollo —que pueden conservarse calientes hasta este momento— y cúbralas con el resto del arroz. Sírvalo y decórelo con pimientos, macarrones y petit pois.

Ingredientes:

1 ¼ tazas de arroz
   1 cucharada de aceite
2 ½ tazas de agua
   Sal al gusto

Procedimiento:

Escoja el arroz y lávelo. Sitúe un recipiente adecuado al fuego con el agua y la sal. Cuando comience a hervir incorpore el arroz, revuélvalo 2 o 3 veces durante 5 min y añada el aceite. Tápelo y baje la llama; déjelo cocinar a fuego lento durante 25 min. Durante este tiempo no debe revolverlo para que conserve el calor. Cuando se trate de arroz precocido, debe incorporar 1¼ tazas de agua más, o sea, para 1 ¼ tazas de arroz 3 ¾ tazas de agua o caldo.

Ingredientes:

1 ½ tazas de arroz
   2 zanahorias medianas
   ½ taza de habichuelas
   ½ taza de maíz tierno

1 tajada mediana de calabaza
1 cebolla grande
4 dientes de ajo
2 ajíes medianos
230 g de tocino
1 cucharada de pasta de tomate
12 tomates naturales
4 tazas de caldo sustancioso
4 cucharadas de aceite
¼ de taza de vino seco
Sal al gusto

Procedimiento:

Pele, lave y corte los vegetales a la jardinera gruesa; corte igualmente el tocino, y la cebolla, los ajíes y los tomates a la jardinera más pequeña.

Ponga a sofreír el tocino en el aceite en el propio recipiente que cocinará el arroz; cuando este haya dorado, agregue las especias y revuelva hasta que estén marchitas; incorpore la pasta de tomate, tomates naturales, y deje cocinar mezclando 2 min. Añada el arroz, mueva 2 min más, agregue los vegetales, el caldo caliente y la sal; cuando empiece a hervir, revuelva nuevamente, baje la candela y cocine a fuego lento 30 min.

El caldo sustancioso puede ser de carne de res, ave o pescado, particularmente recomiendo caldo de pescado fuerte, pues para esta combinación es delicioso.

Ingredientes:

¼ de taza de frijoles colorados o bayos
1 taza de arroz
150 g de tocino
1 cebolla mediana

3 dientes de ajo
2 ajíes medianos
¼ de taza de aceite
  Sal al gusto

Procedimiento:

Ponga a ablandar los frijoles en 2,5 L de agua. Sofría en el aceite el tocino cortado en trocitos pequeños; añada también las especias frescas cortadas a la jardinera y sofríalas hasta que estén marchitas; incorpore el sofrito a los frijoles ya blandos. En recipiente adecuado lave el arroz y agréguelo a la cocción de los frijoles, revuelva hasta que comience a hervir, baje la temperatura y deje cocinar tapado y a fuego lento durante 30 min. Separe la vasija del fuego, déjelo reposar 5 min y sírvalo.

Puede utilizar la misma receta para el arroz moros y cristianos sustituyendo los frijoles colorados por frijoles negros.

Ingredientes:

2 tazas de arroz
1,2 kg de bacalao
1 cebolla grande
6 dientes de ajo
2 ajíes medianos
2 cucharadas de pasta de tomate
¼ de taza de vino seco
¼ de taza de aceite
  Sal al gusto

Procedimiento:

Remoje el bacalao durante 6 h. Córtelo en pedazos de 6 cm. Cocínelo en 2,5 L de agua hasta que ablande. Cuele el caldo y consérvelo hasta el momento de usarlo. Limpie el bacalao de piel y espinas. Pique las especias frescas después de limpias a la jardinera fina y marchítelas en el aceite caliente. Agregue la pasta de tomate y el arroz lavado y rehogue todo durante 5 min. Incorpore el caldo bien caliente, rectifique la sal y cuando todo haya comenzado a hervir, revuelva el contenido. Baje el fuego y deje cocinar el arroz tapado durante 30 min. Sepárelo de la candela, rocíe el vino y sírvalo.

Puede adornar con huevo duro y perejil picado muy fino.

Ingredientes:

1,5 kg de camarones
1¼ tazas de arroz
  1 cebolla mediana
  6 dientes de ajo
  2 ajíes
  3 tomates de cocina
  1 cucharada de pasta de tomate
  4 cucharadas de aceite
 ¼ de cucharadita de pimienta molida
  1 cucharadita de bijol
  1 hoja de laurel
  1 taza de caldo de pescado
 ¼ de taza de vino seco
    Sal al gusto

Procedimiento:

Pele los camarones. Lave el arroz. Pele el ajo y la cebolla y corte esta última a la jardinera. Separe las semillas de los ajíes y tomates y píquelos también a la jardinera. Disponga el arroz con el aceite en recipiente adecuado y sofríalo durante 5 min; agregue ajos, cebolla, ajíes y tomates y continúe cocinando hasta que estén marchitos. Incorpore la pasta de tomate, pimienta, laurel y bijol, revuélvalo todo, añada los camarones y el caldo hirviendo. Mueva el contenido y cocínelo a fuego moderado 25 min. Sepárelo del fuego, rocíele el vino seco y déjelo reposar 5 min.

Este plato se lleva a la mesa en vasija preferiblemente de barro.

Puede adornarlo con pimientos y petit pois o con huevos duros y perejil picados muy finos.

Para hacer arroz con langosta o langostino proceda de igual forma.

Ingredientes:

2 tazas de arroz
½ kg de carne de jicotea
6 dientes de ajo
1 cebolla mediana
3 ajíes medianos
3 tomates
4 cucharadas de puré de tomate
4 tazas de agua
1 pizca de comino
1 cucharadita de bijol
¼ de taza de vino seco
3 cucharadas de aceite
Sal al gusto

Procedimiento:

Limpie de pellejos la jicotea y córtela en pedazos medianos; sazónela con sal y pimienta.

Elabore una salsa con las especias, aceite y el puré de tomate. En recipiente apropiado, dore la carne, incorpore la salsa, el agua, el comino tostado y machacado, el bijol y la sal. Cocine hasta que esté semiblanda; añada el arroz, introdúzcalo en el horno o cocínelo a fuego suave durante 15 min aproximadamente. Al terminar agregue el vino.

Sírvalo en plato o cazuela de barro, decorado con tiras de pimientos, huevos duros y petit pois.

Ingredientes:

1 ½ pollos
  1 chorizo
  4 dientes de ajo
  1 cebolla grande
  6 tomates
  3 cucharadas de puré de tomate
  1 pizca de comino (tostado)
  1 hoja de laurel
  ¼ de cucharadita de pimienta
  3 cucharadas de aceite
1 ½ tazas de arroz
  2 tazas de caldo de pollo
  Bijol al gusto
  1 cerveza
  ¼ de taza de vino ajerezado
  Sal al gusto

Procedimiento:

Limpie el pollo y córtelo en cuartos. Quítele los huesos mayores. Sazónelo con sal y pimienta. Con los subproductos elabore un caldo. Escoja el arroz y lávelo. Saltee el pollo en aceite caliente; agregue las especias picadas finas, el laurel y el comino tostado y machacado. Añada el caldo; cuando hierva, incorpore el arroz, la sal, el bijol y las rodajas de chorizo. Déjelo cocinar un corto tiempo sobre el fuego. Introdúzcalo en el horno o en fuego suave 15 min aproximadamente. Al terminar agréguele la cerveza y el vino.

Sírvalo en plato o cazuela de barro decorado con tiras de pimientos, huevo duro y petit pois.

Ingredientes:

1½ tazas de maíz tierno
1½ tazas de arroz
230 g de jamón
  1 cucharadita de bija o bijol
  ¼ de cucharadita de pimienta molida
  3 cucharadas de aceite
  4 dientes de ajo
  1 cebolla grande
  6 tomates
  6 ramitas de perejil
    Sal al gusto

Procedimiento:

Desgrane el maíz, eche las tusas en un recipiente con agua, posteriormente exprímalas y cuele esta agua. Escoja y lave el arroz. En una cazuela con aceite caliente sofría las especias cortadas finas. Páselas por un colador y vuelva a echarlas en el recipiente utilizado. Incorpore el jamón y el maíz. Rehogue el conjunto. Agregue el agua reservada, la sal, la pimienta y el bijol. Cuando esté blando el maíz, añada el arroz. Déjelo cocinar en el horno o a calor suave durante 25 min aproximadamente.
Sírvalo en plato decorado al gusto.

Ingredientes:

2 tazas de arroz
100 g de tocino
1 chorizo
2 zanahorias medianas
½ taza de habichuelas
½ taza de maíz tierno en grano
3 tomates de cocina
2 cucharadas de pasta de tomate
1 cebolla grande
4 dientes de ajo
2 ajíes medianos
1 hoja de laurel
3 cucharadas de aceite
1/8 de taza de vino seco
Sal al gusto

Procedimiento:

Corte el tocino a la jardinera gruesa y el chorizo en rueditas. Limpie y pique los vegetales a la jardinera gruesa, e igualmente las especias frescas, pero a la jardinera mediana.

En el propio recipiente donde cocinará el arroz, sofría el tocino con el aceite; agregue el chorizo, las especias frescas y cuando estas se marchiten, incorpore la pasta de tomate y el arroz previamente lavado. Revuelva 2 o 3 min; añada los vegetales, el laurel y 4 tazas de agua. Cuando comience a hervir revuélvalo, tápelo y cocínelo a fuego lento durante 30 min. Rocíele el vino seco, déjelo reposar 5 min y sírvalo.

Decore cada ración con tajaditas de huevos duros cortados en 4 partes por todo el largo.

El arroz mixto permite utilizar diferentes materias primas y hay quien gusta de ponerle pescado, calabaza picada a la jardinera gruesa, frijoles blancos, etcétera.

Ingredientes:

460 g de chicharrones
2 tazas de arroz
1 cebolla mediana
3 dientes de ajo
2 ajíes medianos
3 tomates naturales
1 cucharada de pimentón dulce
3 cucharadas de aceite
4 tazas de caldo sustancioso
1/8 de taza de vino seco
Sal al gusto

Procedimiento:

Limpie y corte las especias frescas a la jardinera pequeña. En el recipiente donde cocinará el arroz, sofría las especias en el aceite. Agregue el pimentón, los chicharrones y el arroz lavado previamente; revuelva 2 o 3 min. Incorpore el caldo bien caliente y la sal cuando comience a hervir; revuélvalo todo, tápelo, baje la candela y cocínelo 30 min. Rocíele el vino seco, sepárelo del fuego, póngalo a reposar 5 min y sírvalo.

Puede decorarlo con huevo duro picado muy fino.

Ingredientes:

1 ½ tazas de arroz
½ kg de carne de cerdo entreverada
1 tajada mediana de calabaza
1 taza de maíz tierno
3 cucharadas de grasa
1 cucharadita de bija o bijol
6 dientes de ajo
1 cebolla grande
3 ajíes medianos
3 cucharadas de puré de tomate
¼ de taza de vino seco
1 pizca de comino
2 pimientos medianos
4 tazas de caldo o agua
 Sal al gusto

Procedimiento:

Limpie la carne y córtela en pedazos medianos, cocine el maíz en agua o caldo hasta que ablande.

Sofría la carne de cerdo hasta que esté dorada, agréguele el caldo; añada un sofrito hecho con las especias picadas finas, el bijol, el puré de tomate y la sal; a continuación eche la calabaza cortada a la jardinera grande y el arroz. Déjelo cocinar en el horno o a fuego suave durante 20 min aproximadamente, rocíe el vino y sepárelo del fuego.

Sírvalo en plato adornado con tiras de pimientos rojos.

Ingredientes:

2 tazas de arroz
2 tazas de hojas de ñingüeré
½ kg de carne de cerdo entreverada
4 tazas de agua
6 dientes de ajo
1 cebolla grande
3 ajíes medianos
4 tomates
1 cucharadita de bijol
3 cucharadas de grasa
   Sal al gusto

Procedimiento:

Corte el cerdo en pedazos medianos, dórelo en grasa caliente, agregue las especias cortadas finas, el agua, la sal y el bijol, y deje cocinar hasta que ablande. Añada las hojas de ñingüeré ya limpias y el arroz escogido y lavado. Cocínelo en el horno o en calor suave durante 15 minutos aproximadamente.

Sírvalo en fuente o plato con algunas ramitas de ñingüeré.

Según relata la señora Acosta García, en el año 1890 su familia llega a Cuba procedente de las Islas Canarias, se establece en la zona de Vuelta Abajo y se dedica al cultivo del tabaco. Posteriormente se mudan para Güira de Melena, en la zona del Gabriel; en el año 1907 pasan a residir definitivamente a la zona de Caimito, donde aún permanecen sus descendientes.

Cuenta, además, que sus abuelos emigrantes fueron los que confeccionaron por primera vez este plato y lo popularizaron; el mismo se elaboraba principalmente para la celebración de las fiestas de navidad, sin que mediara su comercialización, pues su preparación se concretaba a las familias de la zona, que esos días señalados saboreaban este exquisito y dulce postre casero.

El conocimiento de la confección de esta sopita de miel fue pasando de generación en generación; hoy la siguen elaborando.

Para su realización utilizaban, y siguen utilizando, como materia prima el pan viejo, melado de caña, maní y ajonjolí, aromatizándolo con anís y canela, aunque en ocasiones han sustituido el maní por nueces y avellanas o queso rallado, pero prevalecen el maní y el ajonjolí como componentes primarios.

Es posible que este plato se originara, aunque no en su forma actual, en las Islas Canarias, de donde procedían sus iniciadores, pero lo cierto es que se da a conocer en Güira de Melena y Caimito por aquella fecha y continúa su producción casera hasta el presente. Por su popularidad y exquisitez se ha ganado la nacionalidad cubana.

Ingredientes:

½ lb de pan viejo
½ botella de miel de abejas
1/8 de cucharadita de anís en grano
1/8 de cucharadita de canela en rama

1 rajita de cáscara de limón
1/16 de cucharadita de nuez moscada
¼ de lb de maní tostado
¼ de lb de ajonjolí tostado

Procedimiento:

Corte el pan en rebanadas de 1,5 cm, ponga a hervir en una cazuela llana la miel con el anís, la canela, la nuez moscada y la cáscara de limón. Cuando comience a hervir, bájele la candela para que no se bote.

Se introducen las rebanadas de pan en la miel ya preparada, cuidando de que no se rompan —el pan no debe quedar muy seco por dentro, sino algo amelcochado—. Luego se pasan para una fuente donde se polvorean con el maní y el ajonjolí tostados y molidos.

Se deja enfriar y se sirve.

Ingredientes:

6 yucas medianas
½ taza de miel de abejas
1 taza de azúcar crudo
1 cucharadita de canela en polvo
1 taza de agua
12 tramos de 20 cm de largo de hojas de plátano
1 coco seco

Procedimiento:

Pele la yuca, rállela en un guayo, sáquele parte del almidón y pásela por un colador grueso. Ralle el coco y extráigale la grasa.* Mézclela en recipiente adecuado con la yuca, el azúcar, la

*Para obtener la grasa de coco, ponga la leche en un recipiente sobre fuego suave hasta que se consuma el líquido y quede la grasa.

138

miel y el agua; espolvoree con canela hasta que obtenga una masa homogénea. Sepárela en porciones de tamaño regular, dándoles forma rectangular. Envuélvalas en hojas de plátano y colóquelas en el horno en una tártara engrasada, o en el fogón a calor suave hasta su completa terminación. Quíteles las hojas de plátano y sírvalas en plato de postre.

Ingredientes:

460 g de boniato
2 tazas de azúcar refino
1/8 de taza de agua
¼ de taza de leche de coco
6 yemas de huevo
1 cucharadita de canela molida
1 limón
Sal al gusto

Procedimiento:

Pele los boniatos, póngalos a cocinar hasta que ablanden, aplástelos o páselos por una máquina de moler. Elabore un almíbar con el azúcar, el agua, la canela y el limón.

Extráigale la leche al coco*. En una cacerola de fondo grueso, mezcle los boniatos con el almíbar caliente, agregue la leche de coco y cocínelo removiendo hasta que comience a verse el fondo de la cazuela. Añada las yemas de huevo poco a poco, puntéelo de sal y déjelo cocinar unos minutos más.

Sírvalo en plato de postre con la canela espolvoreada por encima.

* Se ralla el coco seco, se le añade a esa masa agua caliente y cuando refresque se cuela por un paño fino.

La dulcería Cenia fue fundada en el poblado Cartagena (Cienfuegos) en el año 1934 por un español nombrado Celso Areces Fernández, que vino a la edad de 14 años para Cuba, donde realizó varios trabajos en dicho poblado.

Cuenta que, debido a la situación económica de la época, él y su esposa acuerdan hacer dulce de coco en su propia casa. Luego consiguen un local más amplio donde también confeccionaban crema de leche y dulce de guayaba en barras. Pero como la venta era poca, él mismo los fue distribuyendo a caballo por los distintos lugares del campo, en los cortes de caña y caseríos, en distintos poblados como Santa Rosa, Lajas, Congoja, Rodas, Yaguaramas, etcétera.

Con el triunfo de la Revolución la dulcería fue nacionalizada y Celso quedó de administrador y maestro dulcero hasta su retiro. Su hijo siguió la tradición familiar y se hizo maestro dulcero. Y aquel dulce de coco que empezó en 1934 hoy sigue manteniéndose con la misma calidad que cuando comenzó.

Ingredientes:

3 cocos secos
1 taza de azúcar refino
½ taza de miel de abejas
¼ de taza de agua

Procedimiento:

Quítele a la masa de coco la cascarilla oscura que la recubre y muélala bien fino. En un caldero de fondo grueso deposite el coco molido, el azúcar, el agua y la miel. Sitúelo a fuego suave, revuelva constantemente con una paleta de madera, hasta que se disuelva parte del azúcar y haga perder la humedad del coco. Cocínelo hasta que tome una consistencia pastosa. Déjelo refrescar unos minutos y viértalo sobre un papel con una cuchara; dele forma alargada con una tablilla pequeña de madera.

Ingredientes:

3 cocos secos
½ taza de azúcar crudo
¾ de taza de miel de abejas
¼ de taza de agua

Procedimiento:

Muela el coco bien fino dejándole la cascarilla oscura que lo recubre. En un caldero de fondo grueso deposite el coco, el azúcar, el agua y la miel. Sitúelo a fuego suave, revuelva constantemente con una paleta de madera hasta que se disuelva parte del azúcar y haga perder la humedad del coco fresco. Déjelo cocinar hasta que tome una consistencia pastosa, póngalo a refrescar unos minutos y viértalo sobre un papel con una cuchara; dele forma alargada con una tablilla de madera.

Ingredientes:

24 limones
460 g de azúcar
2 rajitas de canela
350 g de queso blanco

Procedimiento:

Seleccione limones de tamaño uniforme, quíteles la cáscara, córtelos a la mitad, hiérvalos para eliminarle la pulpa interior, lávelos nuevamente y hiérvalos 3 veces más. Con el azúcar y la canela elabore un sirope, mezcle los cascos con el sirope y deje cocinar hasta que obtenga el punto deseado.

Sírvalos en plato apropiado con lonjas de queso.